Début d'une série de documents
en couleur

Couverture inférieure manquante

A.-AUGUSTE CHAUVIGNÉ

HISTOIRE

DES CORPORATIONS

D'ARTS & MÉTIERS

DE TOURAINE

OUVRAGE LU AU CONGRÈS DES SOCIÉTÉS SAVANTES
DE LA SORBONNE EN 1884

PRIX : 2 FRANCS

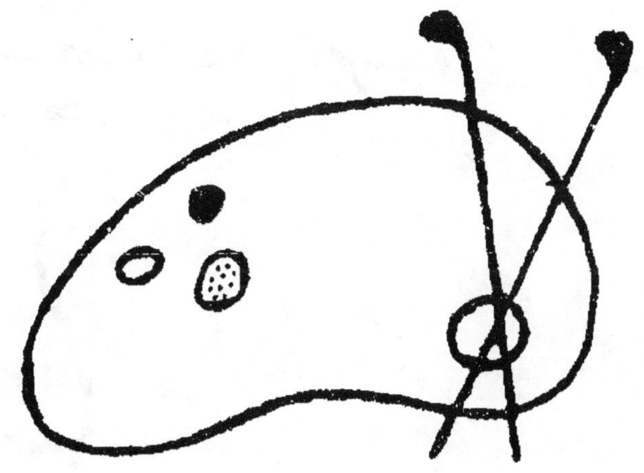

Fin d'une série de documents
en couleur

À Monsieur Léopold Delisle
Administrateur général, Directeur de la
Bibliothèque nationale.
Hommage de l'auteur
Augte Chauvigné

A.-AUGUSTE CHAUVIGNÉ

HISTOIRE
DES CORPORATIONS
D'ARTS & MÉTIERS
DE TOURAINE

OUVRAGE LU AU CONGRÈS DES SOCIÉTÉS SAVANTES
DE LA SORBONNE EN 1884

PRIX : 2 FRANCS

TOURS

IMPRIMERIE ROUILLÉ-LADEVÈZE

MDCCCLXXXV

HISTOIRE

DES CORPORATIONS

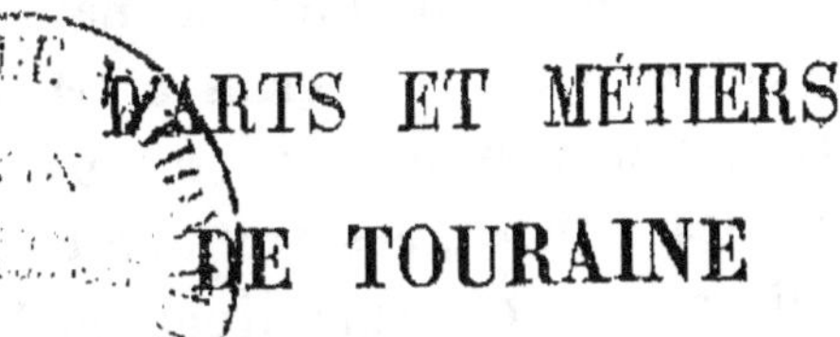

D'ARTS ET MÉTIERS

DE TOURAINE

CHAPITRE Ier

Considérations générales et origine

—

SOMMAIRE : Origines. — Communautés, jurandes. — Foires de Tours. — Prospérité des corporations. — Création de la manufacture de draps d'or, d'argent et de soie. — Arras. — Franchise. — Origine des drapiers, des poêliers, des imprimeurs, des tapissiers, etc.

L'histoire des corporations d'arts et métiers de Touraine a des liens trop intimes avec l'histoire politique, industrielle, commerciale et artistique de la région, pour ne pas en avoir ressenti une violente influence. C'est donc au milieu des événements qui ont bouleversé la province à diverses époques, qu'il faut rechercher les causes de ses évolutions commerciales et, par conséquent, des transformations nombreuses des institutions des gens de métiers.

D'un autre côté, l'histoire d'une province ayant forcément des rapprochements importants avec celle des autres partie du pays, il s'ensuit qu'une influence générale s'est exercée sur toutes les institutions, et les corporations d'arts et métiers de France se virent entraînées dans un mouvement commun dont les bases principales se retrouvent identiques dans les diverses parties de la France.

L'origine des corporations se perd dans la nuit des temps ; jusqu'ici, peu de renseignements ont été découverts sur leurs fondations. On sait qu'à Athènes et à Rome, les arts et métiers avaient déjà des statuts et des règlements qui servirent très probablement de base à ceux qui devaient naître plus tard. Nous savons également que des confréries d'artistes, de marchands et d'industriels existaient en France sous les rois de la première race ; que les artistes, les architectes, les maçons, les charpentiers italiens qui se répandirent en Europe pour construire des palais et des cathédrales, avaient des statuts mystérieux, avec des signes à l'aide desquels ils se reconnaissaient, et qui sont parvenus jusqu'à nous dans les *compagnonnages de devoir*.

Mais les historiens de ces époques reculées se sont heurtés contre une difficulté terrible : l'obscurité. Le défaut presque total de documents les a réduits à ne nous transmettre, pour ainsi dire, que des suppositions fort incomplètes.

Les associations ouvrières remontent également à une époque très reculée. Dès la seconde race des rois de France il est question d'un *roi* des merciers, dont les fonctions consistaient à veiller sur tout ce qui concernait le commerce.

Il était alors pour les marchands du royaume ce que furent plus tard les jurés pour les corporations. Ses pouvoirs étaient beaucoup plus étendus et il jouissait de grands privilèges.

Pour la province qui nous occupe, pendant les IXe et XIIe siècles, les gens de métiers étaient réunis en collèges et travaillent ainsi, écrasés par les charges de toutes sortes, succombant parfois sous le poids du servage déguisé par quelques privilèges, qui n'étaient qu'une ombre de liberté.

Ce ne fut que dans le courant du XIIIe siècle, et surtout sous le règne de saint Louis que la situation des artisans commença à s'améliorer. Chacun connaît les efforts de ce monarque pour protéger l'industrie, et ce fut là, pour la Touraine, le point de départ de l'évolution du commerce. Les artisans purent alors s'arracher avec moins de difficulté de leur tâche journalière, ils s'assemblèrent, puis se distribuèrent par groupes, qui embrassèrent les diverses branches de leur industrie.

Ces groupes s'organisèrent, tous les gens d'un même métier

se réunirent, se placèrent sous le vocable d'un saint de leur choix et formèrent une société qui prit le nom de *confrérie*.

Le mouvement ne fut complètement lancé qu'après l'affranchissement des communes, qui fut pour les confréries d'un secours efficace, en créant une maison commune avec une autorité locale, où le peuple se sentant moins directement sous l'autorité royale, s'assembla avec plus de facilité.

C'est après cette transformation communale que le nom de confrérie sembla se perdre quelque peu pour être remplacé par celui de *communauté*. Cependant l'usage conserve le titre de confrérie, mais dans les pièces émanant de l'autorité, les corps d'état sont toujours désignés sous le nom de communauté.

Les communautés d'arts et métiers furent également désignées à une certaine époque sous le nom de jurandes. Ce nom fut mis en usage par Louis IX au moment où furent créés les gardes qui, par leur serment de fidélité au roi, devinrent les *jurés* et laissèrent le nom de *jurande* à la communauté.

A la fin du XIIe siècle le faubourg de Châteauneuf, jusque-là dépendant de Tours, s'érigea en commune séparée, et se fortifia dans son enceinte pour se défendre contre toute attaque. A ce sujet, nous signalerons une pièce intéressante datée du 17 octobre 1265, par laquelle les élus de Châteauneuf afferment par adjudication publique pour la somme de quatre-vingt-seize livres par an, à Jacques Gaveau, de la paroisse de Saint-Pierre-des-Pucelles, la perception de la taxe de six deniers par livre du prix de la marchandise de draperie, qui se vendait depuis les Jacobins jusqu'à La Riche, hors le temps de la Foire le Roy (1).

Et, détail qui prouve combien était grande la prudence de nos ancêtres, cette adjudication était garantie par une hypothèque sur les biens présents et à venir du fermier, qui devait garder prison à défaut de payement d'un seul terme.

Pendant le cours du XIVe siècle, la condition des corporations s'améliora assez sensiblement, si cette expression peut être

(1) Archives de l'hôtel de ville de Tours : fonds de Châteauneuf, liasse 125.

employée, car tout en s'affermissant dans une réglementation favorable sous de certains points de vue, les corps d'état s'engageaient dans une organisation défectueuse qui devait les conduire infailliblement à une crise économique déplorable.

Quoi qu'il en soit, ils entrèrent dans cette voie, et ce n'est que par quelques faits isolés, retrouvés dans les registres municipaux et dans les archives départementales, que nous pouvons les y suivre, de loin en loin, du moins jusqu'au commencement du xv° siècle.

En 1359, il existait à Tours, y compris la commune de Chateauneuf, réunie en 1355, vingt-deux corps de métiers constitués en confréries, parmi lesquels on peut citer :

Les Orfèvres, les Drapiers, les Merciers, les Corroyeurs, les Chapelliers, les Changeurs, les Apothicaires, les Armuriers-Brigandiniers, les Épiciers, les Juponniers, les Pelletiers, les Barbiers, les Maréchaux, les Serruriers, les Taverniers.

Tous ces corps d'état étaient régis par des statuts et règlements particuliers, dont l'ensemble des articles, tout en se rapprochant beaucoup, conservaient néanmoins des particularités relativement aux différences de la fabrication ou du commerce.

Chaque confrérie avait son costume particulier pour les jours de fête, et assistait aux processions des fêtes solennelles, chaque membre ayant un cierge à la main et dans un ordre de préséance qui donnait souvent lieu à des réclamations, parfois tumultueuses et toujours irrespectueuses. Chaque corps avait ses armoiries et les portait brodées sur sa bannière, précédant les membres de la communauté et suivie de la châsse portant des reliques du patron.

De tout temps il s'est produit un fait remarquable : tous les artisans d'une même profession se réunirent pour habiter la même rue, et de certaines rues de Tours qui portent encore actuellement les noms de rue des Orfèvres, des Bouchers, du Change, des Ecritoires, etc., sont là pour l'attester.

La coutume de faire des étalages aux devantures des magasins, d'attirer les regards des passants par des enseignes éclatantes, n'était pas encore en vigueur et ne le fut de longtemps. Les boutiques étaient garnies de marchandises à l'intérieur et les marchands placés sur le pas de leur porte, guettaient la clientèle et l'engageaient à entrer. Il était défendu aux marchands d'ouvrir leur boutique les dimanches et jours de fêtes, sous peine de confiscation des marchandises et d'une amende de vingt livres pour la première fois, de cinquante pour la seconde, et de cent livres pour la troisième. Durant ces mêmes jours, les habitants des environs ne pouvaient apporter aucune marchandise en ville sous peine des mêmes amendes.

En dehors des transactions commerciales ordinaires, il y avait à Tours des foires dont l'origine est fort ancienne. L'une des places a gardé le nom de place Foire-le-Roi, et les plus anciens titres la désignent sous le nom *Nundinæ Regiæ*. Au temps de l'occupation romaine, la ville de Tours était la métropole d'une des grandes provinces qui comprenait les villes d'Angers et du Mans, et les neuf cités d'Armorique, Nantes, Rennes, Vannes, Cornouailles, Léon, Tréguier, Dol, Saint-Malo, Saint-Brieuc. L'importance de ses marchés était donc considérable, et se maintint pendant de longs siècles sous les rois des deux premières races, tout en subissant cependant des variations selon les événements qui changèrent les divisions géographiques de la région. Enfin le xvie siècle arrive et vient par l'influence néfaste de ses guerres, entraver le commerce et l'industrie et réduire encore l'importance des foires et marchés.

Ce fut pour ranimer le commerce anéanti que les maires et échevins tentèrent vers 1545, de faire établir à nouveau des foires dans la ville de Tours. François Ier l'accorda sans peine, et rendit un édit au mois d'août 1545 qui instituait deux foires franches s'ouvrant l'une le 15e jour de septembre, l'autre le 8e jour de mars.

Ces foires pouvaient être fréquentées par tous les marchands de France et même par les étrangers. La première s'appelait la foire Saint-Maurice, se tenait au carrefour des Arcis, près le cloître Saint-Gatien, l'autre était la foire Saint-Christophe et avait pour principal objet le commerce des cuirs.

Ces foires subsistèrent pendant longtemps et furent confirmées successivement par Henri II, en janvier 1547, François II, en avril 1560, et Charles IX, en avril 1571.

On ne sait à quelle époque ces foires ont cessé d'exister ; mais il paraît probable qu'elles n'ont pas duré longtemps après les lettres de confirmation données par Charles IX. Ces causes de décadence peuvent être attribuées à la peste qui sévit à Tours et aux troubles qui agitèrent le pays pendant les règnes de Charles IX et de Henri III.

Après 1607 nous ne retrouvons plus trace de ces institutions ; une épidémie violente de peste, qui dura plusieurs années à Tours, tint les étrangers éloignés ; la coutume ne se rétablit pas dans la suite, et ce ne fut qu'en 1782 qu'on institua de nouveau es foires de Tours telles qu'elles sont aujourd'hui (1).

Vers la fin du xiv° siècle, nous voyons le commerce et l'industrie se développer considérablement à Tours et dans la province. Ce n'est point grâce aux corporations ni à leur organisation intérieure, cette prospérité n'est produite que par des événements extérieurs.

Sur divers points de la province, le caprice ou l'intrigue firent élever des demeures somptueuses, séjours favoris des rois Charles VII, Louis XI, Charles VIII, et de leurs successeurs du xvi° siècle. Ceux-ci, comblant de faveurs les contrées qu'il leur plaisait de venir habiter, et attirant près de leur personne la présence d'une cour nombreuse et élégante, fournit aux industriels et aux marchands les moyens 'e débiter leurs marchandises et d'en fabriquer en plus grande quantité. Non seulement les artisans de l'époque eurent à se louer d'un état de choses qui développait leur commerce, mais encore ils en profitèrent pour créer de nouvelles branches d'industrie, d'où devaient naître de nouvelles corporations.

Si cette richesse momentanée avait des avantages, elle fut aussi la cause de charges diverses, qui ne furent pas supportées sans murmures. Témoin ce fait de Louis XI, qui, habitant au

____

(1) Archives d'Indre-et-Loire : série C, liasse 144.

Plessis-lez-Tours avec sa fauconnerie et ses meutes, imagina
de mettre les bouchers de Tours en réquistion pour nourrir gratuitement tous ses animaux.

Les bouchers se laissèrent faire pendant quelque temps, mais
ils portèrent bientôt une réclamation devant le corps de ville,
qui, craignant de déplaire au roi, donna à ceux-ci une com-
pensation en les déchargeant de l'imposition due par leur corporation.

Cependant, à part ces quelques économies budgétaires du re-
doutable monarque, il travailla avec la plus grande activité au
développement de l'industrie manufacturière en France et surtout à Tours.

Les Tourangeaux, qu'il appelait souvent ses « bons amis »,
se virent doter d'une manufacture de draps de soie. Une opposition assez vive, et aveugle sans doute, puisque cette nouvelle
branche d'industrie devait être plus tard pour la ville sa prin-
cipale source de richesse, accueillit ce projet; mais Louis XI passa
outre et ordonna à son trésorier de Nimes de choisir un certain
nombre d'ouvriers habiles dans l'art de fabriquer les draps de
soie et de les envoyer à Tours (1).

Ils arrivèrent au nombre de dix-sept en l'année 1470, et leurs
noms, ainsi que ceux de leurs élèves, nous ont été conservés
par les registres municipaux.

En même temps le roi ordonnait une association des principaux habitants de la ville pour assurer du travail à ces ouvriers
et, dans une pièce datée du 12 juin 1470, il fixait lui-même à
six mille écus la somme nécessaire au premier fonctionnement
de l'entreprise.

La bourgeoisie et le clergé firent opposition au payement de
pareille somme et chargèreut les élus d'obtenir du roi diminution de deux mille écus. Le roi fut inflexible, et ordonna l'installation immédiate des ouvriers, aux frais de la ville, dans les
maisons de la rue Maufumier, actuellement rue Constantine.

(1) Archives de l'hôtel de ville de Tours : registre des délibérations, tome XII ;
— registre des comptes, tome XXXV.

Les registres des comptes municipaux du 25 juillet 1470 nous apprennent que cette dépense s'éleva à mille deux cents écus. Ces sommes, qui paraissaient énormes aux intéressés, étaient cependant insuffisantes, et les premiers travaux qui sortirent de cet établissement ne couvrirent pas les frais de fabrication.

La soie brute coûtait alors sept sols six deniers la livre, les autres matières étaient relativement chères, et dans ces circonstances les résultats obtenus découragèrent de nouveau les intéressés.

Louis XI n'était point de ceux qu'un insuccès rebute ; il persévéra dans sa détermination. Il accorda de nouveaux privilèges aux ouvriers en soie et finit par créer à Tours une industrie des plus importantes et dont on connaît la réputation.

Dans le courant de l'année 1479 les gens de métiers de Tours se virent tirer de leur tranquillité habituelle par une idée singulièrement bizarre du même monarque dont nous venons de parler.

Les habitants d'Arras ayant osé se révolter contre l'exécution d'un des actes de l'autorité royale, encoururent la colère de Louis XI, qui se vengea en les expulsant de leur cité, en changeant le nom de leur ville contre celui de *Franchise* et en la repeuplant par des gens de métiers pris dans une autre localité. Ce fut Tours que le roi choisit, et le 4 juillet 1479 le corps de ville, qui avait commencé par refuser, recevait des lettres patentes lui signifiant de choisir cinquante chefs de famille et de les envoyer promptement repeupler Arras-Franchise. Un nouvel impôt fut levé sur la ville, destiné à couvrir les frais d'entretien des cinquante ménages pendant deux mois. Cette dépense s'éleva à la somme de 1653 livres tournois, soit 2 sols 6 deniers par jour (1). Un certain nombre de corporations se réunirent dans leurs locaux respectifs, et désignèrent à l'élection ceux d'entre leurs membres qui semblaient les mieux disposés à s'expatrier

____

(1) Registres des comptes municipaux de la ville de Tours, t. XLIII et XLIV.

et dont le nombre des enfants ne dépassait pas quatre. Les procès-verbaux d'élection conservés dans les archives municipales de Tours nous fournissent des indications précieuses à ce sujet, et nous apprennent que les corporations dont les noms suivent fournirent un ou plusieurs colons.

« Esguilletiers, cordouaniers, chaussetiers, brigandiniers, barbiers, pelletiers, tondeurs, boulangiers, tenneurs, coroyeurs, coustelliers, esperonniers, potiers d'étain, charpentiers, boursiers, menuisiers, mareschaux, rostisseurs, hosteliers, selliers, cousturiers, pâticiers. »

Les corporations donnèrent personnellement quelques secours à leurs délégués, et ceux-ci partirent sous la direction de deux échevins et de deux marchands, l'un d'Angers, l'autre de Tours, pour opérer leur installation.

Les deux mois pendant lesquels l'entretien des colons était assuré étant écoulés, ils tombèrent dans la plus affreuse nécessité, et se virent sans aucun moyen d'existence.

Les habitants de Tours furent pendant quelques années surchargés d'impôts pour subvenir aux premiers besoins des malheureux expatriés, après lesquelles, découragés pour la plupart, ils regagnèrent leur ancienne patrie.

Ces événements se passaient vers la fin du xv⁰ siècle, mias pendant ce temps d'autres corps de métiers s'érigeaient en communauté et recevaient l'autorisation de leurs statuts.

C'est ainsi que les barbiers, en 1408, supplient le roi Charles VI de leur accorder des statuts et privilèges, donnant entre autres raisons, que « notre ville de Tours, située sur les marches du Poictou, Guyenne et Bretagne, esquels pays affluent moult personnes malades pour eulx faire soigner et y trouver guarison de leurs maladies. »

Les registres municipaux de Tours apprennent encore dans quelles circonstances a pris naissance à Tours la fabrication et le commerce de broderie. En 1462, la ville promit cent écus d'or à un maître drapier d'Angers, du nom de Pineau, s'il consent à venir « demourer à Tours avec sa femme, ses métiers et ses ouvriers, au nombre de dix, savoir : trois femmes pour tirer la laine, quatre peigneux et trois escardeux. » Mais il y avait une condition expresse, à laquelle Pineau consentit : la somme promise par la ville ne devait être acquise qu'après dix ans de séjour à Tours. Le maître drapier quitta Angers et vint s'établir à Tours, où il fonda une industrie qui devint importante et obtint ses statuts par la suite.

Dans les mêmes sources, nous saisissons une phrase au hasard qui, dans sa brièveté, nous fournit cependant une indication précieuse. Dans le courant de l'année 1468, la ville promit un encouragement à un maître bourrelier, pour qu'il vînt s'établir à Tours et y exercer son métier : ce système semblait être une habitude pour les élus, qui essayaient de tenter par l'argent les artisans dont l'industrie manquait à la ville.

Ils employèrent souvent cette méthode, qui du reste n'a rien qui leur soit particulier, car bien d'autres villes la mirent en pratique.

Nous voyons encore en 1470 le corps de ville faire des offres avantageuses à des poêliers du pays de Liège, pour venir s'installer à Tours et y créer un centre de leur industrie. Ces propositions furent acceptées, quelques ouvriers vinrent à Tours, et Louis XI encouragea leur entreprise en leur accordant divers privilèges. Après quelques années de séjour, les poêliers de Tours, établis dans le faubourg Saint-Étienne, près le jardin des Feuillants, devinrent très nombreux et laissèrent au lieu de leur fabrication le nom de la Poeslerie (1).

Une industrie nouvelle, l'imprimerie, qui fut, comme toutes les grandes découvertes, méconnue et repoussée à son origine, n'apparut en Touraine que quarante ans après sa découverte.

Les titres nous font défaut, mais nous pouvons cependant en fixer la date d'après un précieux incunable daté de Tours en 1485 et qui appartient à notre bibliothèque municipale. Ce livre est un Missel de la cathédrale, il peut être considéré comme le premier produit de cet art en Touraine.

_____

(1) Archives du département d'Indre-et-Loire : Feuillants.

Nous avons dit que l'imprimerie trouva une sourde résistance à son origine ; les causes s'en retrouvent aisément d'abord parmi les gens qui faisaient le métier de copiste et qui se trouvaient par ce fait privés de travail, et ensuite dans l'amour-propre des auteurs qui, ayant composé leurs ouvrages au prix de longues études, les voyaient mis par l'imprimerie à la portée de tout le monde.

Dans maintes circonstances, nous avons rencontré des preuves de l'existence de la communauté des notaires : leurs fonctions mêmes nous ont permis de consulter de nombreuses pièces, dans lesquelles leur rôle avait quelque importance.

Il était donc intéressant pour nous de retrouver la date exacte de la création de la communauté des Notaires. Or, des lettres patentes, accordées par le roi Louis XV, datées du 27 mai 1737, rappellent que Louis XII a créé la communauté des notaires de Tours à l'instar de ceux d'Orléans par édits et lettres patentes des 22 et 26 septembre 1512.

Peut-être les notaires de Tours ont-ils été érigés en communauté à une époque antérieure, et l'édit dont nous parlons n'est-il qu'une confirmation et augmentation de privilèges, nous ne pourrions l'affirmer. Toujours est-il que nous n'avons rencontré nulle part le moindre document pouvant mettre en doute ceux que nous citons ici.

Ce que nous venons de dire pour les notaires pourrait s'assimiler aux avocats, mais à leur sujet les documents nous font défaut. Nous savons seulement qu'ils existaient en 1233 et que le vingt-cinquième canon du cinquième concile tenu à Tours en cette année fait diverses défenses, dans lesquelles nous retrouvons les premières bases des études du droit. Il y est dit que l'ignorance des avocats entraînant souvent la perte des procès, nul ne pourra exercer à l'avenir s'il n'a étudié le droit pendant trois ans et subi une épreuve lors de sa réception. Cette même mesure était applicable aux notaires.

L'histoire des premières fabriques de tapisseries à Tours nous échappe ; nous savons qu'il y en eut au xvi\ siècle dont l'état des plus florissants répandit au loin leur renommée ; les détails sur leur origine et même sur leur organisation nous font défaut. Nous savons seulement qu'en 1612, le corps de ville profitant des bonnes dispositions de la régente, obtint un don de quinze mille livres et décida la création d'une manufacture de tapisseries de Flandre dans les bâtiments de la petite Bourdaisière, ancien couvent des Ursulines, et aujourd'hui le petit séminaire.

On fit venir un tapissier, originaire de Flandre, nommé Dubois, et on le mit à la tête de cet établissement pour le diriger. De plus, dix-huit jeunes gens furent désignés pour servir d'apprentis et furent logés aux frais de la ville. Mais les résultats ne couvrirent pas les dépenses, il fallut abandonner l'entreprise après une courte période de fabrication (1).

En dehors des barbiers, qui exercèrent également l'art de la chirurgie et une partie de la médecine pendant longtemps, nous rencontrons de véritables chirurgiens, ayant étudié spécialement cet art et qui étaient les chefs supérieurs des barbiers. Un édit du roi Louis XIV de février 1692 créa deux chirurgiens jurés dans chacune des grandes villes et un seul dans les villes de moindre importance. Le même édit créa également dans chaque ressort un médecin juré ordinaire pour vaquer aux soins à donner aux malades.

En outre des communautés que nous venons d'énumérer, en déterminant autant que possible leur origine, il en est un grand nombre dont nous ne connaissons l'existence que par leurs relations avec les autres ou par le rôle quelque peu important qu'elles ont joué. Pour de certaines nous n'avons pas même retrouvé les statuts, anciens ou récents : l'énumération en serait trop longue ici, et nous avons cru préférable de réunir en un seul tableau toutes les communautés d'arts et métiers de Tours dont nous avons pu trouver trace, en les classant par ordre d'ancienneté, en indiquant la date des plus anciens statuts que nous avons pu retrouver, ainsi qu'en mentionnant le siège de leurs réunions et leurs armoiries.

(1) Archives de l'hôtel de ville de Tours : liasse 275.

Liste des communautés d'arts et métiers de la ville de Tours

ORDRE CHRONOLOGIQUE

DÉSIGNATION DES COMMUNAUTÉS	Nombre de Maîtres en 1776	EXISTENCE prouvée en	DATE des 1ers STATUTS connus	SIÈGE DE LA COMMUNAUTÉ	ARMOIRIES
Avocats..............	»	1233	»	»	»
Orfèvres.............	15	1275	1413	»	D'azur, à une Ste-Anne de carnation, vêtue d'or, assise et montrant à lire à la ste Vierge, aussi de carnation, vêtue d'argent.
Apothicaires..........	3	1359	»	»	»
Epiciers	»	1359	»	R. des Bons-Enfants	D'azur, à deux pains de sucre, posés en chef et une chandelle posée en pointe et en pal, le tout d'argent.
Barbiers-Chirurgiens...	42	1359	1408	»	D'azur, à un St-Louis de carnanation, à la royale d'une robe d'azur semée de fleurs de lis d'or et tenant à la main un sceptre de même.
Armuriers-Brigandiniers	»	1359	»	»	»
Changeurs	»	1359	»	»	»
Chapelliers...........	8	1359	11 mars 1583	Cloît. des Jacobins.	De gueules, à un chapeau d'or.
Cloutiers.............	6	1359	1601	Cloît. des Jacobins.	»
Drapiers	»	1359	1658	Place du Change, salle Consulaire.	D'azur, à une aune d'argent, marquée de sable, posée en pal.
Fripiers.............	46	1359	1537	Faubourg St-Eloi.	D'azur, à une colombe entourée de flammes d'or.
Chandelliers-Ciergiers..	32	1359	1700	près du Cloître des Augustins.	D'azur, à un St-Louis d'or à dextre et une Ste-Geneviève aussi d'or à senestre.
Fourniers	»	1359	»	»	»
Juponniers	»	1359	»	»	»
Merciers-Rubaniers..... Joailliers-Boutonniers ..	147	1359	1448	»	D'azur, à une balance d'or, accompagnée en chef d'une aune de même, posée en fasce, et, en pointe, d'un panier, de même.
Charpentiers..........	36	1359	1472	Cloît. des Augustns.	D'azur, à une équerre, un compas et une besaiguë, le tout d'or.

DÉSIGNATION DES COMMUNAUTÉS	Nombre de Maîtres en 1776	EXISTENCE prouvée en	DATE des 1ers STATUTS connus	SIÈGE DE LA COMMUNAUTÉ	ARMOIRIES
Maréchaux	18	1359	»	Près des Augustins.	D'azur, à un St-Eloi, cross mitré d'or.
Menuisiers	59	1359	1472	Rue des Jacobins.	D'azur, à un rabot, pos fasce, accompagné d'un pas ouvert, les pointes en le tout d'or.
Pelletiers............	7	1359	»	»	»
Poissonniers..........	»	1359	»	»	»
Potiers..............	»	1359	»	»	»
Serruriers...........	39	1359	1473	Rue des Cordeliers.	D'argent, à une clef de s posée en pal.
Selliers	10	1359	29 janv. 1661	Cloît. des Augustns.	»
Taverniers	»	1359	»	»	»
Vitriers	13	1359	Avril 1597	Cloît. des Augustns.	Losangé d'argent et d'azu deux burelles de sable chant sur le tout.
Graveurs de la Monnaie.	»	1390	»	Hôtel de la Monnaie	De gueules, à trois tours, cr lées d'or, posées 2, 1, e croissant de même posé cœur : au chef d'azur, ran en fasce.
Bonnetiers	26	1466	»	Rue de l'Arbalète.	D'azur, à un bonnet d'arge
Teinturiers en soie.....	20	1470	»	Rue des Cordeliers	D'azur, à la lettre L som d'une couronne royale, accompagné de 3 fleurs lis, de même.
Teintrs en haut et bas teint	7	1470	»	Près l'église des Carmes.	D'azur, à un St-Maurice, à val, d'or, tenant un gu d'argent chargé d'une c de gueules.
Coustiers-cardeurs en soie	25	1470	Septbre 1602	»	»
Ouvriers en soie	»	1470		»	D'azur, à la lettre L couron d'or et accompagnée de t fleurs de lis aussi d'or, 2 au chef cousu de gueu chargé de trois tours d'arg
Esguilletiers..........	»	1479	»	»	»
Cordonniers...........	174		8 octob. 1468	Près l'église des Carmes.	»
Chaussetiers...........	»		1447	Cloît. des Augustns.	»

DÉSIGNATION DES COMMUNAUTÉS	Nombre de Maîtres en 1776	EXISTENCE prouvée en	DATE des 1ers STATUTS connus	SIÈGE DE LA COMMUNAUTÉ	ARMOIRIES
Tondeurs de draps.....	21	»	1448	»	»
Boulangers............	73	»	1462	Cloît. des Augustns.	D'or, à un St-Honoré vêtu pontificalement, la mitre en tête, la crosse à la main sénestre d'or, tenant à la main dextre une pelle de four, d'argent chargée de trois pains ronds, de gueules.
Tanneurs.............	5	1479	1480	»	D'azur, à une Ste-Agnès, d'or, sur une terrasse de même, au chef cousu de gueules, chargé de trois tours d'argent.
Corroyeurs...........	12	1479	1487	Près l'église des Carmes.	De gueules, à une toison posée en pal.
Coutelliers...........	12	1479	21 avril 1665	Chez le maître de la commun^{té}, Robert.	
Esperonniers.........	»	1479	»	»	
Potiers d'étain........	5	1479	1549	Rue des Jacobins.	D'azur, à une buire d'argent, accompagné de quatre gobelets cantonnés, de même.
Boursiers	»	1479	»	»	»
Rôtisseurs............	32	1479	20 nov. 1600	»	D'azur, à un St-Laurent, d'or.
Hôtelliers-Cabaretiers...	»	1479	»	»	D'azur, à un St-Nicolas vêtu pontificalement, le tout d'or.
Couturiers	»	1479	»	»	»
Pâtissiers	15	1479	11 août 1660	Rue des Cordeliers.	D'azur, à une Assomption de la Ste-Vierge, accostée et supportée par deux anges sur une nuée, au-dessus de son tombeau, le tout d'or.
Cordiers	15	»	1442	»	»
Tailleurs.............	79	»	1451	Cloît. des Jacobins.	D'azur, à une Ste-Trinité, le Fils à la dextre du Père, et tous deux assis, d'or, et le St-Esprit en chef en forme de colombe, d'argent.
Faiseurs de patins.....	»	»	1452	»	»
Bourreliers...........	18	»	1468	Cloît. d. Cordeliers.	»
Poisliers	»	»	1470	»	»
Fabricants de draps d'or, d'argent et de soie...	132	1470	1498	Rue du Petit-Soleil.	»
Tisserands	17	»	1481	Cloît. d. Cordeliers.	»

DÉSIGNATION DES COMMUNAUTÉS	Nombre de Maîtres en 1776	EXISTENCE prouvée en	DATE des 1ers STATUTS connus	SIÈGE DE LA COMMUNAUTÉ	ARMOIRIES
Imprimeurs-Libraires...	8	1485	1709	»	D'azur, à un livre ouvert, d'argent, accosté de deux fleu de lis, d'or.
Mégissiers............	9	»	1491	Cloît. des Jacobins.	»
Notaires..............	20	»	1512	»	»
Bouchers.............	54	»	1491	Près du cloître de Saint-Martin.	D'azur, à un St-Eutrope, d'o et un berger gardant de moutons, de même.
Fabricants de futaine...	»	»	1605	»	»
Tapissiers............	17	»	1612	Rue de la Cuillère.	D'azur, chargé de dessins d'o et d'un marteau de même posé en pal.
Vinaigriers...........	24	»	5 février 1592	»	D'argent, à deux entonnoirs, d'azur, en chef, et un baril de pourpre, en pointe.
Passementiers.........	191	»	1655	Rue des Carmes.	(Ses armoiries étaient celles des ouvriers en soie.)
Chirurgiens...........	20	»	1692	Cloît. d. Cordeliers.	D'argent, à un St-Côme et un St-Damien de carnation, vêtus de sable, l'un tenant un liou d'or, et l'autre une boîte couverte de même.
Paumiers.............	8	»	1722	»	»
Fab^{ts} de mouchoi^{rs} de soie	»	»	1765	»	»
Boisseliers...........	14	1495	Décemb. 1615	Cloît. d. Cordeliers.	»
Charrons.............	7	1495	1734	»	»
Ferblantiers..........	9	1495	1715	Cloît. des Jacobins.	»
Maçons..............	44	»	»	Près du Cloître des Augustins.	De sable, à une truelle d'or.
Mus^{ns} et maîtres à danser	13	»	1667	»	»
Tonnelliers...........	60	»	30 août 1568	Cloître des Carmes.	»
Tourneurs............	18	»	1601	près du Cloître des Jacobins.	»
Couvreurs............	50	1495	»	près du Cloître des Augustins.	D'azur, à une tour pavillonnée, d'argent, maçonnée de sable et girouettée d'or adextrée d'une échelle d'argent et sénestrée d'une truelle d'or.
Plumassiers..........	»	1495	»	»	»
Bougraniers..........	»	1495	»	»	»

CHAPITRE II

Organisation, Constitution et Histoire

—

SOMMAIRE : Réception à la maîtrise. — Apprentissage. — Droits. — Gardes. — Juridiction. — Orfèvres. — Barbiers-chirurgiens. — Chirurgiens. — Armuriers-Brigandiniers. — Drapiers. — Merciers. — Charpentiers. — Serruriers. — Cordonniers. — Boulangers. — Potiers d'étain. — Cordiers. — Imprimeurs. — Notaires. — Fabricants d'étoffes d'or, d'argent et de soie. — Paumiers. — Équarrisseurs. — Ménétriers et violoneux. — Compagnie des marchands fréquentant la Loire. — Généralités. — Armement. — Considérations sur le fonctionnement. — Inspecteurs-contrôleurs. — Auditeurs-Examinateurs. — Contrôleur-Visiteur des poids et mesures. — Abolition et reconstitution des corporations. — Compagnonnages. — Concours et prix. — Députés aux États généraux. — Doléances des corporations aux États généraux. — Les corporations après 1789.

Au point de vue général, toutes les corporations ayant existé à Tours offrent une organisation presque semblable, une constitution reposant sur les mêmes bases et un fonctionnement analogue.

A l'origine, c'est-à-dire pendant la période qui s'écoula entre la formation des confréries et l'obtention de leurs statuts, il devait certainement y avoir une grande divergence dans les principes mêmes de leur organisation intérieure, résultant des caprices de l'initiative particulière. Malheureusement les documents nous font défaut pour cette période.

L'uniformité fut donc établie par les statuts royaux, qui donnèrent la même constitution à toutes les communautés, en tenant compte évidemment des particularités propres à chaque métier.

Ce sont ces circonstances qui nous font retrouver partout le serment imposé aux aspirants à la communauté. Les rois de ces époques déjà lointaines craignant toujours pour leur autorité royale, trouvèrent là un excellent moyen de la consolider parmi les gens de métiers, qui composaient une grande partie de la population. C'est pour ces raisons que nous voyons les artisans jurer fidélité au roi et à l'Église en entrant en communauté ; de là le nom de juré et celui de jurande donné à l'ensemble des jurés.

L'admission dans la communauté était soumise à de certaines règles qui variaient selon les métiers.

Réception à la Maîtrise. — En général, la réception d'un artisan dans la communauté le déclarait maître dans son métier ou art, et lui donnait faculté de tenir boutique et d'occuper des ouvriers.

Pour être reçu maître, il fallait fournir un brevet d'apprentissage, dont la durée était réglée pour chaque métier, être de bonne vie et mœurs, faire un chef-d'œuvre en présence de délégués de la communauté et payer les droits de réception.

Telle était la manière ordinaire de parvenir à la maîtrise ; mais il y avait aussi dans des circonstances extraordinaires, des moyens d'y arriver gratuitement par privilège spécial.

Quand un roi de France décernait à son fils nouveau-né le titre de Dauphin, quand un personnage important de la cour effectuait heureusement un voyage ; quand on célébrait le mariage d'un roi, ou sa majorité, des lettres de maîtrise franches de tous droits, usages, banquets et chefs-d'œuvre, ordinairement exigés, étaient créées dans chaque corporation et les titulaires étaient choisis et nommés par le roi.

Les divers édits que nous avons sous les yeux sont datés de mars 1655, mars 1657, septembre 1657, mai 1661, août 1662, juin 1656, etc. (1), et ont été rendus dans les circonstances que nous venons d'énumérer.

(1) Archives d'Indre-et-Loire : série E, liasse n° 484.

Apprentissage. — La durée de l'apprentissage était susceptible de variation : elle était proportionnée à la difficulté d'exécution du métier.

Le chef-d'œuvre était un travail exécuté par l'aspirant, selon les règles du métier ou art et d'après des données fixées par la communauté. Il était exécuté devant une commission d'examen, composée de marchands et maîtres notables, qui jugeaient s'il y avait lieu d'accepter le candidat ou de le refuser.

Droits. — Le compagnon une fois reçu maître entrait dans la communauté en payant des droits variables, mais pour la plupart fort élevés, qui rendaient souvent la maîtrise inaccessible aux ouvriers pauvres. En retour on leur délivrait une lettre de maîtrise d'une formule uniforme énumérant les obligations du maître envers la communauté, et portant quittance de la somme qu'il devait verser. Cette pièce était scellée du sceau de la confrérie, qui ordinairement portait d'un côté les armes de la ville de Tours et de l'autre les emblèmes ou armoiries de la confrérie.

Outre ces obligations il en était une autre qui était d'un usage moins général : le nouveau maître devait payer à dîner aux maîtres jurés, à de certains jours déterminés ; dans d'autres communautés le dîner était remplacé par des objets d'un usage quelconque : ainsi le nouveau maître barbier devait donner une paire de gants aux maîtres de sa confrérie.

Gardes. — L'administration de la communauté était confiée à des maîtres désignés à l'élection, qui prenaient le titre de maîtres gardes, et qui étaient présidés par un grand garde. Un greffier était également créé pour s'occuper des écritures nécessitées par les affaires de la communauté, ains que de l'administration de ses finances.

Le nombre des maîtres gardes variait selon le cas entre deux et six et le mode de leur élection était également variable.

Leurs fonctions étaient de veiller à la bonne administration de la communauté en général et ils étaient particulièrement chargés de faire des visites domiciliaires pour s'assurer personnellement de la bonne fabrication des marchandises et de leur vente légale.

Juridiction. — Au point de vue de la juridiction, les communautés avaient une organisation indépendante et complètement séparée.

Pendant longtemps les différends qui s'élevaient entre les ouvriers et les patrons étaient jugés par les tribunaux ordinaires; mais les longueurs des procédures présentaient de graves inconvénients pour des questions qui souvent exigeaient une solution immédiate.

Louis XIV, par lettres patentes du mois d'août 1669 attribua aux maires et échevins de Tours le droit de juridiction sur toutes les manufactures de la ville (1).

Cette institution nécessita des dispositions spéciales dans la nomination des corps de ville.

Des échevins, dont le nombre ne pouvait dépasser six, étaient choisis parmi les marchands et maîtres de fabriques pour remplir des fonctions de juges; trois étaient changés annuellement, en sorte que le corps de justice était toujours composé de trois anciens échevins et de trois nouveaux. Avant de rendre leur jugement, les juges ainsi nommés pouvaient prendre l'avis des gardes des communautés, et devaient se prononcer en s'inspirant des statuts et règlements de la communauté de laquelle relevait la nature du différend.

Après ces quelques considérations générales, qu'il semblait nécessaire d'étudier dans leur ensemble, nous prendrons séparément les principales communautés pour pénétrer plus particulièrement dans leur constitution et leur fonctionnement.

Orfèvres. — La communauté des Orfèvres, dont l'origine est fort ancienne, nous apparaît en 1275 par une charte de dom Hous-

---

(1) Bibliothèque municipale de Tours, tome III, pièces diverses, n° 110.

seau (1), rapportant que les orfèvres de la commune de Châteauneuf, encore non réunie à la ville de Tours, se plaignirent au roi
Philippe III des dommages qu'ils avaient à supporter par la
contrefaçon de leur poinçon de marque. Ils obtinrent une charte
interdisant aux orfèvres des autres villes de se servir de ce
poinçon sous peine d'encourir une amende et des dommages et
intérêts.

Dans les statuts de 1413, confirmés en janvier 1470, nous
voyons la communauté se mouvoir avec peine au milieu de
toutes ses entraves. Le règlement sévère qui les lie dans l'achat
et la vente des matières précieuses fut une cause évidente de
la stagnation des affaires.

Un détail mérite d'être cité : le produit des deniers à Dieu et
des amendes survenues dans le courant de l'année, servait à
donner un dîner le jour de Pâques aux pauvres de l'hôtel-Dieu
qui « pour Dieu le voulaient prendre ».

Nous retrouvons un jugement de messieurs les officiers de la
Monnaie de Tours du 7 juillet 1783 portant règlement pour les
Orfèvres et les Bijoutiers de Tours. Entre autres prescriptions
nous remarquons les suivantes :

Obligation d'avoir des balances justes et des poids étalonnés,
d'avoir exposé dans leur boutique le tableau-tarif de la valeur
du marc d'or et d'argent; défense de vendre les objets de fabrication étrangère sans en prévenir l'acheteur. Défense de vendre
des objets qui n'ont pas été essayés par les gardes et une foule
d'autres exigences entravant le commerce et réduisant les orfèvres pour la plupart à une situation peu aisée.

Un exemple de cet état précaire nous est fourni par un document daté de 1430. Le maître orfèvre Jehan Lambert exécuta
à cette époque une magnifique châsse dont le frontispice et les
bas-côtés pesaient plus de cent soixante quatorze marcs d'or. Ce
chef-d'œuvre de l'orfèvrerie tourangelle provenait des libéralités
de Charles VII, qui avait donné à cet effet trois cents écus d'or,
et d'Agnès Sorel, qui en avait donné trois cents autres. Jehan

Lambert passa dix années avec ses compagnons à ce travail, fit une merveille, mais se ruina complètement.

Barbiers-Chirurgiens. — La situation de la communauté des Barbiers-Chirurgiens était tout autre, et leurs occupations par elles-mêmes devaient les faire prospérer. Leurs statuts et règlements de 1408 sauf quelques différences, sont copiés sur ceux des Barbiers de Paris de 1383.

Ces règlements, confirmés souvent par les rois successeurs de Charles VI n'offrent aucune particularité. Mais nous remarquons une organisation toute spéciale dans ceux qu'ils obtinrent le 1er mars 1701 (1).

Les maîtres barbiers étaient obligés d'assister sans convocation le premier lundi de chaque mois à une réunion des confrères et des médecins pour la visi' des malades et pour conférer sur les maladies du corps humain.

L'article 3 prescrit que la communauté procédera chaque année la veille de la Saint-Cosme et Saint-Damien, à l'élection de deux nouveaux gardes jurés en remplacement de deux anciens qui sortiront.

Les gardes étaient donc au nombre de quatre renouvelables par moitié chaque année.

L'aspirant à la maîtrise devait faire ses études chez un maître pendant deux ans comme apprenti et devait faire un travail de quatre années ensuite comme compagon avant d'être admis à la maîtrise. A la fin de ce temps l'aspirant payait à son maître une somme de soixante livres pour la reconnaissance de ses peines et soins.

L'examen d'admission est des plus compliqués.

L'aspirant devait faite six actes : 1° l'examen de tentative, 2° quatre journées d'opérations, 3° deux journées d'ostéologie et bandages, 4° quatre journées d'anatomie complète, 5° deux journées de médicaments simples et composés, avec la visite

(1) Bibliothèque municipale de Tours : Pièces diverses, 2e volume, n° 110, pièce 2.

des malades à l'hôtel-Dieu et leur pansement, enfin *le dernier* grand examen avec le rapport des personnes infirmes qui lui sont désignées par les jurés, le tout en présence du conseiller médecin.

Voilà pour la ville ; mais à la campagne, il paraît qu'il n'était pas utile d'être aussi fort chirurgien ; un arrêt de février 1672 prescrit que les aspirants pour la campagne ne subiront que deux épreuves ; l'une pratique, l'autre théorique, et payeront les droits de réception accoutumés.

L'article 40 des mêmes statuts exigeait que les sages-femmes passent des examens devant les maîtres, payent les droits accoutumés et aient leurs noms et surnoms inscrits sur un tableau en la chambre commune.

Il y avait en outre une quantité de coutumes et d'usages, dont quelques-uns nous sont parvenus. Un registre des délibérations de l'hôtel de ville (1) nous apprend qu'il était d'usage que le dernier maître reçu fît célébrer une messe, vêpres et salut, le jour de Saint-Louis et fît offrir un pain à bénir. Si par hasard quelqu'un venait à chercher à se soustraire à la loi commune, et s'il joignait à son refus d'obéissance quelque grossièreté, le bureau se réunissait, et le coupable s'entendait condamner à dix ans d'interdiction et de privations des honneurs de la communauté.

Chirurgiens. — En dehors des barbiers, qui exerçaient également la chirurgie, un édit du roi de février 1692 (2), créa deux chirurgiens jurés dans chacune des grandes villes qui devinrent pour ainsi dire les chefs des barbiers et qui exercèrent sur eux une certaine surveillance. Cette science reconnue comme art, et non comme métier, était expressément défendue à toute autre personne. Les aspirants chirurgiens ne pouvaient servir chez les barbiers-chirurgiens et étaient tenus de faire leur apprentissage

---

(1) Archives d'Indre-et-Loire : série E, registre n° 451.
(2) Bibliothèque municipale de Tours : pièces diverses, 1er vol., n° 110, pièce 100.

chez un maître chirurgien. La réception à la maîtrise ne pouvait également avoir lieu qu'après avoir subi des examens et fait des expériences en présence des maîtres jurés.

Armuriers-Brigandiniers. — Les renseignements que nous possédons sur les armuriers et brigandiniers, sont rares ; leurs statuts ne sont pas parvenus jusqu'à nous et cependant ce métier eut, à diverses époques et surtout pendant les guerres de religion, une importance considérable à Tours. Nous retrouvons une foule de noms d'armuriers célèbres, parmi lesquels nous extrayons celui de Braquemart, attaché à une sorte d'épée courte et large connue sous ce nom. Les Braquemart donnèrent également pendant deux siècles leur nom à la rue Sainte-Marthe actuelle.

On venait de fort loin chercher des armes à Tours ; et nous voyons dans un compte de la ville de Nantes qu'on envoya chercher huit cents corselets destinés à l'entrée du roi Henri II dans cette ville.

Sous le nom général d'armurier, sont confondus aujourd'hui une certaine quantité de spécialités qui, au xvie siècle, constituaient autant de métiers distincts. Ainsi un registre des délibérations de l'hôtel de ville de Tours, à la date du 19 novembre 1471 cite des professions spéciales telles que : arbalestrier, cranequinier, esperonnier, taillandier du Roy, auberjonnier, fourbisseur, artillier (1).

Les armuriers jouissaient de certains privilèges, ils ne devaient point payer aucune imposition, et leur renommée, qui s'étendait dans toute la France, a conservé les noms de :

Jehan Chereau , armurier. 1542
Jehan Claude Saclay, — 1542
Jehan de la Butte, fourbisseur. 1578
Claude Savigné, armurier 1595

(1) Archives de l'hôtel de ville de Tours : registre des délibérations, 19 novembre 1471.

Etienne Leblanc, canonnier du Roy. . . . 1527
Guyon Mousnier, arquebusier 1597
Sire Jehan Dubois, esperonnier. 1598 (1)

Drapiers. — Avec la communauté des Drapiers, nous constatons une légère différence dans l'élection et le renouvellement des maîtres gardes.

Ceux-ci étaient au nombre de quatre, renouvelables par moitié tous les ans. Un maître grand garde était également élu pour deux années entières, à l'expiration desquelles il devait rendre compte de sa gestion devant les quatre maîtres gardes en charge, le nouveau grand garde et deux notables marchands députés par la communauté, et cela deux mois après sa sortie de charge, sous peine d'amende.

Nous retrouvons dans cette communauté une obligation qui se répète dans plusieurs autres ; les charges de garde et grand garde ne pouvaient être refusées sans aucun motif sérieux, et tout refusant se voyait expulser de la communauté pendant un an et déchu pour sa vie de tout droit aux charges de la confrérie.

Les gardes et le grand garde devaient faire au moins une fois l'an une visite générale pour s'assurer que la fabrication se faisait selon les prescriptions multiples du règlement. Chaque maître devait payer 20 sols au grand garde à cet effet, et les veuves 10 sols seulement.

Trois années d'apprentissage étaient exigées ainsi que deux années de travail comme compagnon pour la réception à la maîtrise. Les fils et gendres des marchands étaient dispensés de l'apprentissage et du compagnonnage, et n'acquittaient que la moitié des droits ordinaires (2).

Cette faveur, qui était comme une sorte de droit héréditaire se retrouve dans la plupart des corporations et reste d'ailleurs

(1) Archives de l'hôtel de ville de Tours : registre de délibérations, 25 juin 1473.

(2) Bibliothèque municipale de Tours : Corps de métiers et Offices, n° 94, fonds Taschereau.

conforme aux tendances de l'époque. Cette opinion se fonde sur l'hérédité de certaines charges d'inspecteurs contrôleurs établies dans les communautés au XVIe siècle et dont nous aurons occasion de parler plus loin. Il y avait aussi à Tours une communauté des répareurs de draps, dont nous n'avons trace que par un registre contenant son compte de recettes et dépenses daté de 1753. Cette corporation n'a pas eu d'importance.

Merciers. — Comme on a pu remarquer dans le tableau précédent, les Merciers obtinrent leurs statuts en 1448. Un siècle plus tard, en 1545, François 1er accorda des foires franches à la ville de Tours, Henri II les confirma en 1547 et dans les années qui suivirent il accorda aux merciers, de nouveaux statuts et privilèges ; Charles IX vint à l'appui de ces confirmations par de nouvelles lettres patentes en 1568 et 1570 ; ces foires avaient une grande importance pour les merciers auxquels elles procuraient des débouchés considérables pour leurs marchandises, et Louis XV, en 1723, les confirmait encore.

L'importance de cette corporation était d'autant plus grande, que plusieurs marchandises similaires y étaient réunies, comme nous l'apprennent de nombreux documents, et notamment la lettre de maîtrise ci-dessous, que nous sommes heureux de publier comme type des brevets de ce genre.

« Nous maistres et gouverneurs de la confrairie S. Louis, jadis roy de France, fondée en l'église de l'Abbaye Royale de S. Julien de cette ville de Tours et gardes de la marchandise de grosserie, mercerie épicerie, de drap de laine, d'or, d'argent, de soie et joüailleries en icelle ville. Certifions avoir noblement reçu François Thibault maître dudit État, après qu'il Nous a été certifié de Prud'homie et être François suivant l'ordonnance, par nous trouvé capable et expérimenté, et que les ordonnances dudit État lui ont été lües, lesquelles il a promis, comme aussi lui avons enjoint, garder, observer et entretenir de point en point et de n'y contrevenir ; ains suivant icelles se gouverner comme il appartient, sans faire aucune manufacture préjudiciable aux privilèges dudit État : portera honneur et révérence aux gardes, tant de présent qu'à l'avenir. Les avertira des abus et malversations qu'il sçaura être faits au préjudice de ladite marchandise, tant par les marchands-merciers et drapiers que marchands-forains, courtiers et autres quelconques, sitôt que lesdits abus viendront à sa connaissance : Ne fera aucun acte du courtier de ladite marchandise : Ne fera semblablement aucune société ni compagnie avec aucunes personnes, s'ils ne sont marchands-merciers, épiciers et drapiers, reçus maîtres et residens en cette d. ville : Ne fera aucune commission, et ne prêtera sa marque pour ni à qui que ce soit : Tiendra boutique ouverte et Tapis sur ruë en cette d. ville de Tours ou dans le Palais, dehors ou ès Fauxbourgs : Ne prendra aucun apprentif qui soit marié, avant que passer son Brevet de trois ans d'apprentissage, ou qui se puisse se marier durant icelui, ou qui soit Étranger, ce qui est expressément défendu par ces statuts et ordonnances ; et nous avertira et nos successeurs gardes audit État, des serviteurs qu'il aura à son service, lesquels seront vrais François ; et s'il se veut se servir d'aucuns Étrangers, ne les pourra prendre que pour deux ans seulement, afin qu'ils ne puissent acquérir le privilège et dont le dit maistre sera tenu de les avertir afin aussi qu'ils ne puissent dire qu'ils ayent été deçûs ni trompez, et ce dans quinzaine après qu'ils seront entrés à son service, pour le droit de service desdits serviteurs François être payé, tant au Roy notre sire, qu'à ladite confrairie et communauté, à peine de recouvrer sur lui ; Ne contreportera ni ne fera contreporter aucunes marchandises dans la ville, Fauxbourgs, ni dans les hôtelleries : Gardera les commandements de Dieu et observera ceux de l'Église, sans exposer ni vendre aucunes marchandises les jours de dimanches et fêtes, sur les peines portées par les ordonnances ; lequel nous a présentement payé la somme de..... à cause du droit accoutumé, pour servir et lever noblement ladite Boutique, Banc ou Échope dudit État en cette dite ville de Tours, Palais ou Fauxbourgs d'icelle à la charge par ledit .... de payer la somme de...... entre les mains de

.......pour le droit royal à nous apartenant et réuni à notre communauté suivant les édits des mois de mars 1691 et 1694, et arrêt du conseil du 22 juin au dit an de 1694, à la charge de faire et prêter serment, et de se faire recevoir à Monsieur le Lieutenant Général de police au dit Tours, et de payer et continuer dorénavant par chacun an dix sols parisis à ladite confrairie et communauté, au jour et fête S. Louis ou lors de la quête d'icelle, le tout ci-dessus, sur peine de perdre son droit audit état : en témoin de ce, nous avons fait mettre à ces présentes le scel du dit État, et le scing de Nous à ce commis, l'an mil sept cent trente-six, le 6 novembre (1) »

Signé :

Giue.   Champoiseau.

Rocher.   P. Le Feubre.

Le brevet de maîtrise comme, tous ceux des autres corporations, est scellé du sceau de la confrérie, imprimé dans une pâte de cire comprise entré deux parchemins.

Pour celui qui nous occupe, sur la face nous voyons un Saint-Louis debout les bras écartés, et autour une devise dont on ne peut lire que ces mots : *Pax in virtute.* Au revers les armes de Tours avec cette devise : *Jus et abundantia in turribus.*

Charpentiers. — Les pièces qu'il nous a été possible de consulter au sujet de la corporation des Charpentiers ne nous apprennent rien de particulier. Nous voulons seulement signaler le prix de main-d'œuvre de ces ouvriers dans le courant, du xvᵉ siècle. En 1410, une journée de charpentier se payait 20 deniers et une journée de manœuvre 12 deniers.

En 1488, la proportion change dans de notables proportions. La journée de manœuvre s'est élevée à 2 sols 6 deniers. Peut-être pouvons-nous voir là le commencement de l'élévation du

(1) Bibliothèque municipale de Tours : manuscrit nº 1258, pièce 57.

prix de la journée des divers métiers, qui se manifeste dans le cours des siècles suivants.

Serruriers. — Dans un même ordre d'idées, les statuts primitifs des Serruriers nous fournissent de nouveaux détails sur le prix de vente des ouvrages de serrurerie et sur la situation fort précaire où se trouvait la corporation.

En 1473, nous apprenons que vingt-cinq maîtres serruriers « sont en adventure de habandonner la ville et demourer autre part. Le dit mestier de serrurerie est l'un des sept arts mécaniques fort dispendieux à soutenir, car ung ouvrier mestait bien quinze jours et plus à faire une serrure ou autre chef-d'œuvre et d'ouvrage dont à peine aurait-il ung escu. » Louis XI les engagea à rester à Tours, et leur accorda de nombreux privilèges, franchises et libertés.

Ce métier, qui était compris dès 1659 parmi les arts libéraux chers au roi, fut réglementé à nouveau le 11 août de la même année par des statuts nouveaux (1).

Quatre années d'apprentissage étaient nécessaires pour ce métier, et le jour de son entrée en compagnonnage, l'apprenti devait payer 2 livres de cire et 100 sols au profit de la communauté ; de plus il devait fournir le jour du mardi gas une poule aux quatre jurés et 5 sols une fois seulement.

Le chef-d'œuvre était fixé d'une manière uniforme par l'un des articles des statuts, il se composait, pour les serruriers, d'une « serrure d'un tour et demy, polie dedans et dehors avec une clef selon la demande des jurés. »

Chaque année, le jour de la Saint-Eloi, patron de la confrérie, on procédait aux élections des maîtres gardes et du grand garde, qui devaient faire deux visites par semaine, dont quatre par an étaient payées.

Pour la première fois nous rencontrons dans ces statuts, la création d'un emploi de procureur syndic chargé de recevoir et administrer les finances de la confrérie.

(1) Bibliothèque municipale de Tours : Pièces diverses, n° 110, ARR. — 33° pièce.

Ces fonctions, qui se confondaient avec celles des greffiers, étaient identiques et prirent ce nom dans bien des communautés.

Cordonniers. — La corporation des Cordonniers, composée de trente-six maîtres, obtint en novembre 1468, ses premiers statuts, copiés sur ceux de Paris.

Quelques années après, ils furent confirmés et nous y remarquons que les aspirants maîtres étaient tenus de faire trois chefs-d'œuvre et de payer 3 écus d'or pour tous droits.

On se montra moins exigeant pour les fils de maîtres enrant en communauté. Ils n'étaient point obligés de faire chef-d'œuvre, ils devaient seulement donner un écu à la communauté, un autre au roi, et offrir à dîner aux maîtres composant la confrérie.

Boulangers. — Les boulangers furent soumis à de nombreux règlements et furent l'objet de non moins nombreuses ordonnances de police réglant les conditions de la confection du pain et de sa vente.

Les premiers statuts furent accordés en 1462 et confirmés entre autres fois en 1468, et 1487.

Une ordonnance de police, du 23 décembre 1404, prescrivait aux boulangers de garnir leur boutique de pains du poids, qualité et blancheur déterminés, et portant la marque de la première lettre de leur nom, permettant de reconnaître le boulanger en cas de mauvaise fabrication (1).

En 1776, au moment où les corporations allaient subir leur importante transformation, Necker se fit adresser de toutes les principales villes du royaume des éclaircissements sur la situation des corporations d'arts et métiers; et la ville de Tours lui adressa un long mémoire à ce sujet, où, parmi les divers métiers, nous voyons les Boulangers y figurer pour un nombre

---

(1) Bibliothèque municipale de Tours : pièces diverses, n° 110 ARR.

de soixante-treize maîtres, ce qui prouve quelle était l'importance de cette corporation (1).

Potiers d'Etain. — Le commerce des objets d'utilité domestique et d'ornement en étain acquit une certaine importance pendant les XVIe et XVIIe siècles. En 1546, Henri II accorda les premiers statuts à ce métier ; ses successeurs, François II, Charles IX et Henri III les confirmèrent, et enfin un édit de Louis XIV les confirma de nouveau, en créant les Essayeurs-Contrôleurs d'étain, chargés de vérifier la composition du métal employé et de le marquer à l'aide de poinçons spéciaux pour en attester la composition légale.

Cette charge était rétribuée par un droit de 3 deniers par livre d'étain vérifiée. Quant au fonctionnement intérieur, il se faisait comme dans les autres communautés sans changement apparent.

Cordiers. — Des lettres patentes accordées aux cordiers présentent des cas intéressants à noter.

Dans une première lettre du 20 mars 1442, il est accordé aux cordiers comme privilège, exemption de toutes impositions, coutumes, péages et autres subventions pour chanvre et denrées de leur métier à charge de « fournir, bailler et livrer tout cordage gros ou menu aux gens de justice des lieux où ils sont demeurants, quand le cas adviendra pour lier, pendre et exécuter larrons, meurtriers et autres malfaiteurs. »

Pour être reçu maître; il fallait faire chef-d'œuvre et payer « 30 sols tournois au roi, 30 sols tournois à la confrérie, et 20 pour le dîner des maîtres, excepté les maîtres qui d'ancienneté et paravant le jourd'huy ont tenu ouvroir ou boutique du dit métier. » Tous les ans deux maîtres étaient nommés pour faire les visites chez leurs confrères, et chargés de surveiller les travaux (2).

(1) Archives d'Indre-et-Loire : série C, n° 147.
(2) Bibliothèque municipale de Tours, pièces n° 110, ARR.

Imprimeurs. — Comme nous l'avons dit dans le premier chapitre, l'imprimerie rencontra une vive opposition à son origine, et il ne fallut rien moins que les immenses avantages de cet art, pour l'emporter sur les préventions desintéressés.

Quelques années après l'apparition de l'imprimerie en Touraine, le chapitre de Saint-Martin fit imprimer à ses frais un Bréviaire sur vélin format in-12, et en confia l'exécution à Simon Porcelet de Tours, 1493.

Trois ans plus tard un imprimeur du nom de Mathieu Latteron imprima la *Vie et les Miracles de Monseigneur Saint-Martin*, et depuis cette époque, nous trouvons une série non interrompue d'imprimeurs tourangeaux et d'ouvrages sortis de leurs ateliers.

Les caractères de ces premières impressions calqués en quelque sorte sur l'écriture des manuscrits, en reproduisaient si exactement les abréviations et les lettres initiales, que pendant longtemps on confondit ces impressions avec les manuscrits véritables. Cette confusion donna même lieu à un certain commerce, où la bonne foi des marchands les vendait pour des manuscrits authentiques.

L'importance de l'imprimerie s'accrut considérablement à Tours pendant le xvi° siècle, malgré les désastres de toutes sortes qui désolèrent la population.

Nous croyons utile de citer le nom des principaux imprimeurs qui se sont succédé à Tours, en mentionnant les principaux travaux sortis de leurs presses.

1517. Mathieu Latteron imprime le *Missale Turonense*,
1533. Jean Ricard et Pierre Regnard, rue de la Scellerie, donnent le *Manuale secundum usum Metropolitanæ ecclesiæ Turonensis*.
1535. Mathieu Cherchele publie le *Bréviaire de Marmoutier* et plusieurs ouvrages en vers français.
1552. Jehan Rousset imprima l'ouvrage intitulé : *Le convy de Pallas, déesse de science, au roi Henri II.*

1553. Le même publie le *Promputaire des lois municipales et coustumes du Bailliage* par Brèche.

1553. Bourreau et Olivier Tafforeau.

1561. René Siffleau.

1580. Zacharie Grivau.

1593. Jamet Mestayer, imprimeur ordinaire du roi, le *Catholicon* d'Espagne, première édition de la *Satire Ménippée*.

1595. Maurice Bouguereau publie la *Topographie du Duché de Touraine*, d'Isaïe de la Gardie.

Enfin, citons le nom de deux illustres tourangeaux, Christophe Plantin et Guillaume Rouville, qui quittèrent leur pays natal pour aller fonder des établissements typographiques de premier ordre, le premier à Anvers, le second à Lyon.

Voilà pour les œuvres ; quant à l'organisation intérieure de la communauté nous sommes moins riches en documents.

Le hasard nous a mis la main sur une seule pièce, où nous apprenons que les libraires, imprimeurs, relieurs, enlumineurs et écrivains jurés, étaient dispensés par privilèges de « tous guets de ville, garde des portes, fors en cas de danger pressant ; » de plus, en 1513, Louis XII les avait exemptés de toutes tailles, aides et gabelles imposées ou à imposer pour quelque cause que ce fût ou pût être.

Notaires. — Pour la plupart des corporations, celles de Paris servirent de modèles pour celles de province ; ainsi, les notaires d'Orléans copièrent leurs statuts sur ceux de Paris, et par édit et lettres patentes des 22 et 26 septembre 1512 ceux de Tours furent créés à l'instar de ceux d'Orléans (1). Enfin, plus tard encore, en juillet 1662 l'identité est complète, les statuts des Notaires d'Orléans sont déclarés communs aux Notaires de Tours.

(1) Bibliothèque municipale de Tours, pièces diverses, n° 110, ARR, pièce n° 139.

Au commencement du XVIIIe siècle, les notaires de Tours, qui étaient au nombre de vingt, se trouvant trop nombreux pour pouvoir vivre tous dans des conditions assez productives, firent une entente entre eux, par laquelle il était convenu que les huit premières charges qui deviendraient vacantes pour une raison quelconque seraient achetées par la communauté ; ainsi réduites à douze on demanderait au roi d'approuver cette réduction. Cette autorisation leur fut accordée le 22 juin 1759 par lettres patentes sur arrêt du conseil (1).

Fabricants d'étoffes d'or, d'argent et de soie.

— La fabrication des étoffes d'or, d'argent et de soie comme nous l'avons vu en étudiant ses origines, date de Louis XI ; au mois de juillet 1498 des lettres patentes confirmèrent les privilèges du feu roi et quelques mois plus tard, un édit régla de nouveau leurs statuts.

Enfin, dans des statuts définitifs du 3 mars 1667, nous remarquons les dispositions suivantes :

Les maîtres gardes étaient au nombre de six, et remplacés d'année en année par deux nouveaux maîtres.

Dans leurs visites, ils devaient marquer les pièces de bonne fabrication d'un côté par une couronne et trois fleurs de lis et de l'autre par une tour.

L'élection des gardes se faisait dans cette communauté d'une façon toute particulière et digne de remarque.

L'élection avait lieu le 22 janvier de chaque année en présence du lieutenant général et du procureur du roi.

Sur la liste complète des maîtres de la confrérie, il était choisi cinquante maîtres n'ayant pas encore passé par les charges, les huit premiers noms étaient écrits sur des billets, lesquels étaient jetés dans le chapeau d'un jeune enfant, qui les brouillait, et en tirait un pour le remettre entre les mains du lieutenant général. Le nom qui sortait ainsi était proclamé premier des cinquante

(1) Bibliothèque municipale de Tours : fonds Taschereau, liasse n° 94.

maîtres, et ensuite on continuait à tirer sur la liste de huit noms en huit noms jusqu'au nombre de cinquante.

Les maîtres désignés ainsi se réunissaient aux gardes en charge et procédaient à la nomination à la pluralité des voix des deux nouveaux gardes et même, s'il y avait lieu, à un procureur receveur de communauté, dont l'élection ne se faisait que tous les trois ans. Le serment de faire observer les règlements était ensuite fait devant le lieutenant général.

Les largeurs des étoffes étaient soumises à une vérification de la part des gardes ; chacun d'eux possédait diverses mesures en fer marquées aux armes du roi et de celles de la ville, qui servaient à cet effet.

Il y avait deux fois par semaine une sorte de cour de justice, où les gardes recevaient les plaintes concernant la communauté, et jugeaient les différends qui s'élevaient entre les maîtres ou les ouvriers.

La réception à la maîtrise était subordonnée à des règlements qui le plus souvent forçaient de certains ouvriers à attendre la maîtrise pendant de longues années. Il fallait prouver cinq années d'apprentissage et cinq années de compagnonnage, avoir fait chef-d'œuvre sur chacun des quatre draps, acquitter des droits de réception fort élevés ; mais il était défendu de donner festin aux maîtres de la communauté.

Les marchands forains étaient exclus des communautés. Cependant si un étranger ou marchand forain voulait y entrer, il devait faire cinq ans de travail dans la même boutique, excepté le cas où cet étranger apporterait un nouveau système de fabrication.

Pendant une période d'un siècle environ, de 1570 à 1671, il y eut à Tours, parmi les ouvriers en soie, une coutume bizarre et fort curieuse, que nous nous empressons de faire revivre ici.

Le jour du mardi gras de chaque année, les ouvriers et apprentis en soie se réunissaient, armés de hallebardes, et occupaient par la force la porte Sainte-Anne, située à l'ouest de la ville. Là, tous les gens de pied étaient arrêtés et on ne les laissait passer que moyennant le payement d'un impôt par eux fixé.

Il est tout naturel qu'un semblable usage devait donner lieu à des tumultes et à des discussions parfois sanglantes ; la municipalité s'occupa à diverses reprises de réprimer ces abus ; mais elle fut impuissante et ce ne fut qu'en 1671 que l'intendant Voisin de la Noiraye adopta des mesures énergiques. Il fit garder la veille la porte Sainte-Anne par deux compagnies d'arquebusiers, qui empêchèrent le retour de cette coutume abusive, destinée à faire passer les fêtes de carnaval aux ouvriers en soie d'une façon peu coûteuse (1).

Cette industrie prit à Tours des proportions considérables, pendant le xvi° siècle. La plus grande partie de la population était occupée au travail de la soie, tant à la fabrication des étoffes qu'à la préparation des matières qui la composaient.

Un édit somptuaire rendu par Henri IV en janvier 1593 jeta l'alarme dans ce commerce. Les métaux précieux devenant rares, il défendit de porter sur les vêtements des passements galons et broderies en or ou en argent. Cette mesure irrita sans produire grand effet, et le roi dut avoir recours à un expédient plus sûr, qui réussit pendant un certain temps. Il accorda la permission de porter des passements d'or aux filles et aux femmes de mauvaise vie.

Cependant, la vanité des gens qui croyaient ne pouvoir montrer leur supériorité que par la richesse de leurs habits reprit le dessus, et l'édit n'eut qu'un effet passager.

Vers la fin du xvi° siècle, c'est-à-dire après les violences des guerres de religion, au moment où le pays était ruiné par les troubles politiques, par les impôts et les levées de toutes sortes, la ville de Tours traversait une crise affreuse, qui devait porter une vigoureuse atteinte à son industrie et par cela même à la fabrication des étoffes de soie. L'émigration augmentait tous les jours, surtout parmi les ouvriers en soie, les passementiers, les rubanniers qui manquaient de travail. Au commencement de ce siècle plus de six mille compagnons ouvraient sur le mé-

(1) *Histoire de Tours*, par le Dr Giraudet, II, p. 170.

tier, trois cents personnes dévidaient la soie, bien d'autres encore preparaient les teintures, et enfin la population de Tours, qui s'élevait alors à quarante mille âmes, était presque complètement occupée aux manufactures de draps et de soiries, qui employaient chaque année mille balles de soie écrue. Quatre-vingts ans plus tard au commeucement du xvıı⁰ siècle; les ouvriers étaient réduits à deux cents, la plupart des maîtres étaient ruinés et cent balles de soie suffisaient amplement aux besoins de la fabrication.

La prosperité des manufactures reprit alors sensiblement avec le siècle, contre-coup inévitable et naturel d'une période de calme succédant à un siècle troublé. Mais la vigueur de la première impulsion était perdue, l'importauce des travaux et des transactions n'était pas la même et disparut progressivement à mesure que le siècle s'avançait, pour entrer dans une crise de décadence complète avec le xvııı⁰.

Sur deux cent cinquante métiers à fabriquer les draps de soie, dix seulement étaient en activité, la rubannerie, la passementerie, qui avaient compté jusqu'à trois cents métiers, en possédaient à peine dix ; quant à la fabrication de la soie, le nombre des métiers de mille sept cent était tombé à neuf cents, et le nombre des ouvriers employés à cette fabrication réduits à deux mille six cents.

Quelques efforts furent tentés vers le milieu du xvııı⁰ siècle pour rendre à nos vieilles fabriques leur ancienne splendeur. Ils furent insuffisants devant les frais onéreux que les maîtres devaient supporter.

Louis XV, en 1744, choisit Tours pour l'établissement d'une manufacture de damas et de velours, façon de Gênes.

L'établissement fut installé, passa successivement entre les mains de divers directeurs, et ne prospéra que vers 1750, avec Pierre Taschereau, qui établit un nouveau système de tirage des soies. Cette innovation rendit une certaine activité à la fabrication ; les moulins atteignirent bientôt le chiffre de quarante-six. L'éducation des vers à soie se répandit parmi les cultivateurs ; le nombre des éducateurs s'élevait à trois cent quatre-vingt-deux en 1762 et la récolte des cocons atteignit cette année-là le chiffre de vingt mille quatre cent vingt-six livres.

Ces résultats étaient évidemment très beaux, mais n'approchaient pas de l'état florissant des fabriques au xvii° siècle ; sous Richelieu on comptait vingt mille ouvriers en soie, huit mille métiers et sept cents moulins à dévider.

Ces considérations assez longues étaient cependant nécessaires pour étudier quelque peu l'importance de ce genre de fabrication, qui caractérise toute une époque de l'histoire industrielle et commerciale de la Touraine.

Paumiers. — Il nous reste à parler d'une corporation dont l'ancienneté doit remonter fort loin, car les jeux dont elle faisait commerce sont d'une haute antiquité : nous voulons parler des paumiers, raquettiers et faiseurs de balles. Nous ne retrouvons cependant que des titres récents nous renseignant à leur endroit.

Dans une assemblée générale des maîtres, du 30 juillet 1722 ils approuvèrent leurs statuts, où nous voyons figurer un seul juré garde élu à la pluralité des voix de deux ans en deux ans chargé de faire les visites chez ses confrères.

Le temps d'apprentissage était de trois ans, et un an de travail chez un maître suffisait pour devenir maître soi-même, pourvu qu'on fît chef-d'œuvre et qu'on payât les droits de quatre livres dix sols.

Chaque maître ne pouvait tenir qu'un seul jeu de paume et deux jeux de billard ; de plus, un registre matricule paraphé par le juré et deux anciens maîtres était tenu au siège de la communauté et portait le nom des maîtres compagnons et apprentis, ainsi que les délibérations des séances.

Équarrisseurs. — Cette corporation ne semble pas avoir eu jamais beaucoup d'importance ; d'ailleurs aucun document n'est parvenu jusqu'à nous. La seule preuve que nous avons pu rencontrer consiste dans une pierre sculptée portant des armoiries, ainsi composées: *A une peau posée en fasce et trois équerres, 2, 1*. Il est évident que l'attribution ne peut en être faite qu'aux équarrisseurs de Tours, et il est regrettable que la maison, au-dessus de la porte de laquelle se trouvait cette pierre, ait été abandonnée il y a quelques mois aux démolisseurs, qui auront fait subir un sort commun au lieu qui servait sans doute de réunion à la confrérie, et au passé intéressant dont il a été le témoin. La maison dont nous voulons parler était située à l'extrémité est de la rue Saint-Pierre-des-Corps.

Ménétriers. — Violoneux. — Nous n'avons pas été beaucoup plus heureux e   la communauté des Ménétriers et Violoneux, qui n'a laissé aucune trace de son existence, et nous devons à une circonstance curieuse le document qui la révèle.

Le premier grand maître des ménétriers de Paris, abusant du titre de « Violon du roi », qui lui avait été octroyé, avait interverti l'ordre des mots et se faisait appeler le « Roi des violons ». Or tous les grands gardes des villes de province étaient   sa direction et il leur avait fait donner des charges de lieutenants généraux et particuliers du roi des violons.

En 1773, Louis XV, jaloux de son autorité, adressa aux corporations de violoneux, notamment à la confrérie de Saint-Julien des-Ménétriers de Tours, des lettres patentes, annulant les concessions des charges de lieutenants généraux et particuliers du Roi des violons et détruisant du même coup le prestige et le titre du Roi des violons.

C'est dans un registre des pièces émanant de l'autorité royale, page 102, et à la date du 9 juin 1773, que nous rencontrons cette pièce intéressante (1).

Compagnie des marchands fréquentant la Loire. — Tous les commerçants qui faisaient usage de la Loire comme moyen de transport, se réunissaient de temps en temps soit à Orléans, soit à Tours, où ils discutaient leurs in-

(1) Archives du département d'Indre-et-Loire, série B, n° 232.

térêts communs avec les autres riverains du fleuve. Plus tard ces mêmes négociants formèrent une compagnie dite des Marchands fréquentant la Loire. Cette association devait tenir en tous temps le fleuve en bon état de navigation, veiller au curage, nettoyage, etc. — La compagnie percevait un droit sur les marchandises qui passaient par ce fleuve et qui servaient à rétribuer les employés et à payer les dépenses d'entretien.

Nous aurions à parler encore de bien d'autres corporations, si nous voulions épuiser le tableau qui termine notre chapitre premier, mais nous avons jugé qu'il serait préférable de choisir les plus intéressantes et de les étudier en laissant de côté celles qui n'offrent dans leur constitution aucun caractère original.

Généralités. — Il nous reste maintenant à poursuivre l'étude des corporations dans leur marche générale depuis le xvi° siècle jusqu'à leur disparition en passant avec elles par les diverses phases qu'elles ont traversées.

Armement. — Comme on peut le voir, les corporations formaient une réelle puissance, unies dans un but commun, animées de sentiments de solidarité puissants, et enfin liées par serment à l'autorité royale.

Il y avait là une force à utiliser, et elle n'échappa point à Louis XI ; il ordonna au commencement de son règne l'armement de toutes les corporations et en fit autant de compagnies d'artillerie, en les obligeant de se munir chacune d'une ou plusieurs pièces de canon.

Cet ordre fut exécuté par la plupart des communautés ; mais l'occasion de se servir de ces moyens de défense ne s'étant pas présentée, il advint que les communautés abandonnèrent cette pratique.

François Ier pense à remettre cette force sur pied et à l'utiliser en cas de besoin ; il donna des ordres à ce sujet, et nous voyons, le 25 août 1522, le corps de ville de Tours donner l'ordre à tous les maîtres jurés des corporations de métiers d'apporter incontinent toutes leurs pièces de canon marquées du sceau de chaque corporation, avec les poudres, boulets et munitions nécessaires sous peine de cent livres d'amende pour ceux qui ne s'y conformeraient pas.

Ce fut l'occasion d'un émoi général ; chacun se mit en devoir de retrouver ses canons et plusieurs ne purent y parvenir.

La comparution des maîtres jurés commença dès le lendemain devant l'assemblée communale et nous révèle quelle puissante ressource Louis XI avait ainsi créée à Tours.

L'intérêt de cette question nous force à reproduire ici la liste des corporations, avec la mention des pièces d'artillerie qu'elles présentèrent.

1° Le Boulangers présentèrent une harquebute à crochets, montée sur son chevalet, et deux pièces de canon au marc de la confrérie de Saint-Honoré.

2° Le maître juré des Bouchers des Arcis, promit de livrer une seule pièce de canon avec ses provisions de boulets et de poudre.

3° Les Bouchers de Châteauneuf déclarèrent ne pas avoir d'artillerie ; mais offrirent de faire fondre deux pièces aux frais de leur confrérie, ce que l'assemblée accepta.

4° Les Coutelliers firent la même déclaration ; l'assemblée leur ordonna de se procurer une bonne pièce de canon montée sur son affût, garnie de munitions et « prête à tirer dedans dimanche ».

5° Les Serruriers n'avaient point d'artillerie, ils durent fournir à leurs frais communs une bonne grosse pièce garnie de boulets de calibre avec les moules.

6° Les Cordonniers offrirent les deux pièces qu'ils possédaient au marc de leur confrérie.

7° Les Couturiers livrèrent leurs trois pièces.

8° Les Tanneurs, incertains de ce qu'ils devaient faire, déclarèrent, après une sommation que le corps de ville leur adressa avoir abandonné jadis à l'hôtel de ville, pour la défense commune, leurs canons reconnaissables aux armes de leur métier.

9° Les Corroyeurs présentèrent deux pièces à leurs armes.

10° Les Menuisiers possédaient deux pièces à leur marc.

11° Les Esperonniers ne sachant ce qu'était devenue leur pièce, furent poursuivis à la requête du procureur du roi.

13° Les Apothicaires, les Barbiers-Chirurgiens, les Pâtissiers, les Cordiers, les Brodeurs, les Selliers, les Mégissiers, les Chaussetiers, les Orfèvres n'ayant pu produire leur artillerie, furent poursuivis.

Considérations sur le fonctionnement. — En voyant une réglementation aussi minutieuse régir le fonctionnement des communautés, on pourrait croire que leurs affaires marchaient sans difficultés et avec ordre. Il n'en était pourtant point ainsi, et la cause des désordres résidait précisément dans cette réglementation, qui, enserrant les métiers au milieu de nombreuses exigences et de prescriptions multiples, les forçaient d'eux-mêmes à s'y soustraire.

Vers la fin du XVII° siècle, ce fonctionnement était des plus irréguliers et donnait lieu à de vives réclamations ; des cabales se formaient pour réagir, et réclamaient énergiquement des améliorations.

C'est dans cet esprit que Louis XIV rendit un édit qui modifia quelque peu la situation des corporations en abolissant les frais de festins, que les maîtres payaient à leur entrée en communauté ; en ordonnant que la confection des chefs-d'œuvre ne pourra durer plus d'un mois et qu'ils resteront la propriété de leur auteur pour en tirer profit si bon lui semble.

Le temps d'apprentissage et de compagnonnage fut également diminué, et les droits de réception légèrement abaissés.

Ces conditions nouvelles donnèrent un regain d'activité aux métiers en général, qui du reste étaient l'objet de la sollicitude des rois. En effet nous voyons encore en 1702 un édit portant création pour chacun des corps de métiers du royaume d'un office de trésorier receveur et payeur de leurs deniers communs. Aux termes du même édit, cette charge pouvait se vendre et s'acheter à volonté et être occupée par des personnes en dehors des communautés.

Inspecteurs-Contrôleurs. — La présence d'un personnage revêtu d'une certaine autorité devait avoir une influence sur le fonctionnement intérieur des confréries et y faire régner le bon ordre tendant à disparaître.

Vers le milieu du XVIIIe siècle, la guerre étrangère, que l'État eut à soutenir, greva les finances, et les gouvernants de l'époque cherchèrent à se procurer de l'argent par des moyens divers.

C'est dans ces circonstances que furent créés, par édit du mois de février 1745, des offices d'inspecteurs-contrôleurs des corporations d'arts et métiers. Ces charges, de même nature que celles des trésoriers dont nous venons de parler, avaient pour but de créer un fonctionnaire ayant la haute main sur la fabrication ou le commerce des communautés, et placé en dehors d'elles, de façon à exercer un contrôle sérieux, indépendant de toute influence.

Le payement de ces charges se faisait à l'État sur un tarif dressé à cet effet, et une somme de quatre cent mille livres était répartie entre tous les titulaires au taux du denier vingt pour former les gages qui servaient à les rétribuer.

Ce que nous venons dire est appuyé par de nombreuses pièces, parmi lesquelles se trouve une quittance du trésorier des revenus casuels du roi, du 20 avril 1745, pour une somme de cent trente-deux livres reçue de la communauté des Armuriers de Tours, à savoir : cent vingt livres en principal et douze livres pour les deux sols pour livre de ladite somme, pour réunion de l'office d'inspecteur-contrôleur, créé à la communauté (1).

Auditeurs-Examinateurs. — La création des charges des auditeurs-examinateurs en 1694 a eu à peu près la même origine que celle des inspecteurs-contrôleurs. Ces offices étaient créés par le roi et achetés par ceux qui désiraient en obtenir les

(1) Bibliothèque municipale de Tours : manuscrit 1268, fonds Salmon.

fonctions; elles avaient pour objet la vérification des comptes des communautés (1).

Contrôleur-Visiteur des poids et mesures. —

Un édit daté de 1704 créa également dans les corporations qui usaient de poids et mesures des offices de contrôleurs-visiteurs des poids et mesures; ces charges s'achetaient comme les précédentes et le prix allait grossir la caisse des revenus casuels du roi.

Dans toutes ces transformations, résultat d'une sourde agitation qui commence à se faire sentir dans la population, il est aisé de pressentir l'effervescence des esprits qui produisit la Révolution de 1789. Tout est entraîné par le même courant, et la constitution des corporations suit la marche générale. Comme on a pu le remarquer, le moindre métier était érigé en communauté, les états qui avaient des rapports de fabrication souvent intimes faisaient métier à part, et les moyens de production comme ceux d'écoulement, divisés à l'infini, réduisaient d'autant les chances de gain et par contre la richesse publique.

Abolition et Reconstitution. —

Cet état de choses ne pouvait durer plus longtemps; l'État, comme les corporations elles-mêmes, ressentit qu'il était nécessaire de donner au commerce des bases plus larges et de faciliter les transactions en abolissant certains règlements et en formant des corporations se composant de tous les métiers ayant quelque rapport.

C'est dans ces circonstances que l'année 1776 arriva et vit naître une nouvelle organisation des corporations.

Un édit du roi du mois d'août 1776 abolit toutes les communautés d'arts et métiers, et les rétablit du même coup selon un régime nouveau.

L'édit d'abolition étant rendu, il fallut pourvoir au règlement de la situation financière des communautés transformées ou supprimées. Un arrêt du Conseil d'État établit une commission à

(1) Archives d'Indre-et-Loire : série E, liasse 484.

Paris chargée de *procéder* à la liquidation des dettes des corps et communautés d'arts et métiers supprimés et créa une caisse où furent versés les deniers destinés au payement des dettes (1).

Une vente des effets des corporations en dissolution fut ordonnée et le produit vint alimenter la caisse de liquidation.

Des pièces curieuses nous fournissent quelques détails sur cette vente, nous les croyons assez intéressants pour être reproduits ici (2).

Apposition de scellés et vente des effets des corporations à leur dissolution

DÉSIGNATION	DÉTAIL DES VACATIONS		FRAIS	PRODUIT des VENTES
Corporations de la ville de Tours	3 séances à l'apposition des scellés. .	24 l.	350 l. 10 s.	2468 l. 8 s. 6 d
	25 séances à l'inventaire	200		
	Salaires du fripier pour l'appréciation des effets. . . .	24		
	7 séances à la vente.	56		
	Salaires du crieur. .	10 10 s.		
	Pour une expédition de l'inventaire. .	36		

Cette dissolution opérée, on choisit les principaux corps de métiers, et on les groupa de façon à composer six corps de métiers distincts et divisés ainsi :

1° Merciers-Drapiers.

2° Epiciers.

3° Bonnetiers, Pelletiers, Chapelliers.

4° Orfèvres, Batteurs d'or, Tireurs d'or.

5° Fabricants d'étoffe et de gaze, Tissutiers, Rubanniers.

6° Marchands de vin.

(1) Archives d'Indre-et-Loire : série C, liasse 150.
(2) Archives d'Indre-et-Loire : série C, liasse 148.

Tous les corps de métiers en dehors de ceux énoncés ci-dessus, qui présentaient quelque analogie, furent réunis et constitués en nouvelles communautés indépendantes. Le nombre en fut arrêté à quarante-quatre et tous les métiers dont l'importance ne fut pas assez considérable pour nécessiter une communauté, furent déclarés libres.

Voici la liste des quarante-quatre communautés constituées par l'édit de 1776 :

1° Amidonniers.

2° Arquebusiers, fourbisseurs, couteliers.

3° Bouchers.

4° Boulangers.

5° Brasseurs.

6° Brodeurs, passementiers, boutonniers.

7° Cartiers.

8° Charcutiers.

9° Chandelliers.

10° Charpentiers.

11° Charrons.

12° Chaudronniers, balanciers, potiers d'étain.

13° Coffretiers, gainiers.

14° Cordonniers.

15° Couturières, découpeuses.

16° Couvreurs, plombiers, carreleurs, paveurs.

17° Ecrivains.

18° Faiseuses et marchandes de modes. Plumassières.

19° Faïenciers, vitriers, potiers de terre.

20° Ferrailleurs, cloutiers, épingliers.

21° Fondeurs, doreurs, graveurs sur métaux.

22° Fruitiers, orangers, grainiers.

23° Gantiers, boursiers, ceinturiers.

24° Horlogers.

25° Imprimeurs en taille-douce.

26° Lapidaires.

27° Limonadiers, vinaigriers.

28° Lingères.

29° Maçons.

30° Maîtres en fait d'armes.

31° Maréchaux ferrands, éperonniers.

32° Menuisiers, ébénistes, tourneurs, layetiers.

33° Paumiers.

34° Peintres, sculpteurs.

35° Relieurs, papetiers.

36° Selliers et bourreliers.

37° Serruriers, taillandiers, ferblantiers, maréchaux, grossiers.

38° Tabletiers, luthiers, éventaillistes.

39° Tanneurs, corroyeurs, peaussiers, mégissiers, parcheminiers.

40° Tailleurs, fripiers.

41° Tapissiers, fripiers en meubles, miroitiers.

42° Teinturiers en soie, grand teint, petit teint, tondeurs de draps, fouleurs de draps.

43° Tonneliers, boisseliers.

44° Traiteurs, rôtisseurs, pâtissiers.

Au milieu de ces modifications, qui venaient du gouvernement royal, l'initiative particulière se fit jour, surtout parmi les ouvriers ou compagnons.

Compagnonnages. — Nous citons avec empressement ces renseignements, car nous y retrouvons l'origine des compagnonnages du devoir et autres, *qui existent encore de nos jours.*

Les ouvriers cherchèrent à se réunir et à se constituer en sociétés indépendantes, l'autorité s'en émut, et une ordonnance de police fut publiée le 5 septembre 1783, dans laquelle nous retrouvons les principes mêmes des compagnonnages.

Dans cette ordonnance, il est dit: « Que défense soit faite à *tous ouvriers, garçons et compagnons de cette ville de s'assembler en plus grand nombre de quatre de porter cannes ou bâtons; comme aussi de se qualifier garçons du devoir ou Gavault, et de s'immiscer en aucun cas de placer les ouvriers, garçons* ou compagnons chez les maîtres ; de défendre aucune boutique de faire aucune conduite et d'exiger des ouvriers garçons ou compagnons aucuns droits sous le titre d'embauchage et sous tout autre prétexte.

« Faisons pareillement défenses à tous aubergistes, cabaretiers, pioliers, logeurs et autres particuliers de cette ville de se qualifier de mère desdits garçons, de les recevoir en plus grand nombre de quatre. Le tout à peine de prison, amende, etc.»

Malgré ces mesures de la police, les compagnonnages se formèrent dans la suite, prirent même quelque caractère clandestin quand la police les serra de trop près, mais n'en existèrent pas moins, sous tous les régimes et encore de nos jours en assez grand nombre.

Concours et Prix. — Quelques années avant la Révolution, nous retrouvons dans les archives municipales, la trace des efforts que fit l'administration de la ville pour soutenir et augmenter l'émulation parmi les ouvriers.

Des concours furent créés en 1786, dans chaque corporation, pour la fabrication de divers objets ; des prix étaient décernés aux vainqueurs, dont les noms étaient proclamés et que les archives municipales nous ont conservés (1).

Un programme pour chacun des concours était dressé, indiquant les conditions particulières à chacun d'eux. Ainsi :

Pour les menuisiers le prix était décerné à celui qui aurait fait la meilleure armoire et le meilleur bureau de travail ; pour les soieries, aux deux plus belles pièces de gaze unie, ou brochée ; pour la teinture, à celui qui aura teint en noir de la manière la plus parfaite 12 livres de soie sans qu'elle soit brulée ni chargée de drogues propres à en augmenter le poids.

Ce programme des plus étendus embrassait également la fabrication des mouchoirs, la serrurerie, la filature de coton, la fabrication de l'acier et même le dessin, qu'on enseignait à l'École académique des beaux-arts.

(1) Archives municipales de Tours : registres des délibérations.

La nature des prix donnés comme récompense à tous ces concours, mérite un intérêt tout particulier. Le prix était le même pour tous les concours, et consistait en une gravure réprésentant le portrait du roi, qui, pour employer les termes du règlement, devait être la plus ressemblante, richement encadrée sans verre , ayant pour titre : *Emulation ;* au bas : *Fut-il jamais un prix plus cher à tout Français ;* pour exergue autour du médaillon du roi : *Père de ses sujets, il en est le modèle .*

Ce système d'encouragement dur quelques années, puis disparut dans les troubles de 1789.

Plus on avançait dans le siècle, plus les approches de la Révolution se faisaient sentir par une agitation inaccoutumée au sein des communautés.

Réduites encore par des limites si étroites à une action individuelle si minime, au commencement du siècle, elles secouent peu à peu leurs entraves, et maintenant elles revendiquent des droits politiques.

Le 28 février 1789, les corporations de Tours se réunirent séparément dans leurs bureaux et nommèrent des électeurs chargés de les représenter à l'assemblée générale du bailliage (1).

Ce mode d'élection constituait les assemblées primaires, dans lesquelles étaient désignés les électeurs appelés à leur tour à nommer les députés.

Ces derniers, joints aux députés nommés par le peuple non compris dans les corporations, formèrent le tiers-état, qui tint conseil avec la noblesse et le clergé, et qui présenta ses doléances en réclamant énergiquement les droits des citoyens et l'égalité pour tous les ordres.

La noblesse et le clergé firent acte de prévoyance et déclarèrent eux-mêmes qu'ils abandonnaient tous leurs droits féodaux et leurs anciens privilèges.

Nous ne pouvons résister au désir de reproduire dans le ta-

---

(1) Archives municipales de Tours : série AA, liasse 8.

bleau ci-dessous les détails que nous avons pu recueillir sur cette époque si intéressante.

Les noms que nous reproduisons sont ceux des députés désignés, dans la première assemblée des communautés dans leurs bureaux respectifs.

DÉSIGNATION DES COMMUNAUTÉS	NOMBRE des MEMBRES	NOMS DES DÉPUTÉS
Bouchers.	56	Gaultier.
Bonnetiers, chapeliers, pelletiers, fourreurs.	27	Haubier, bonnetier.
Traiteurs-rôtisseurs.	26	Guerry, traiteur.
Avocats au Parlement.	9	Moreau et Saullay.
Menuisiers, layetiers, ébénistes, tourneurs, boisseliers et tonneliers.	83	Renault.
Charpentiers.	17	Paimparé.
Couteliers, armuriers, fourbisseurs.	11	Clérault.
Serruriers, maréchaux, taillandiers, ferblantiers, cloutiers, éperonniers.	76	Roy.
Cordonniers.	124	Rocher et Chevalier.
Tailleurs en vieux et en neuf.	69	Charles Bisé.
Selliers, bourreliers, charrons et ouvriers en voiture	31	Guillon.
Fripiers, tapissiers, miroitiers.	20	Bernard Laforgue.
Négociants en gros.	37	Jos. Valette, Jahan Loché.
Marchands fabricants en draps d'or et argent, et étoffes de soie.	32	Cartier, Cuisnier.
Imprimeurs.	6	L. Vaquier, A. Vaquier.
Barbiers-chirurgiens.	20	Deniau, Jahan.
Merciers.	35	Lesourd, Fournier.
Notaires.	12	Gervaise, Hubert.
Tanneurs, corroyeurs.	25	Lavigne.
Passementiers.	45	Mauzé.

Doléances des corporations aux États généraux

Pendant la période des guerres de religion, c'est-à-dire au moment de la crise commerciale que traversèrent les corporation, les gens de métiers, entravés dans leurs travaux, voyaient leur pauvreté s'accroître et les mettre dans l'impossibilité de satisfaire au payement des impôts et levées dont ils étaient accablés.

Des plaintes s'élevaient de tous côtés et se traduisaient par l'exposé de doléances à chaque réunion des États généraux. Les premiers auxquels s'adressèrent les corporations de Tours, furent ceux réunis à Blois le 6 décembre 1576.

A l'ouverture des État généraux, Jean Ménager député du tiers-état de la Touraine donne communication des doléances des fabricants de drap de soie de Tours, qui voyaient avec douleur décroître la fabrique au profit de celle de Lyon, par la coupable cupidité de leurs propres compatriotes, qui ne craignaient pas de s'associer avec les marchands de Lyon pour accaparer la soie au prix de neuf livres, valeur courante, et la leur faire payer onze livres.

Le marc d'argent valait douze livres quinze sols, aussi les fabricants de Tours ne pouvaient plus tenir la concurrence avec ceux de Lyon. La soie n'était pas encore cultivée en Touraine.

Mais les querelles de religion absorbaient trop toutes les pensées des États pour qu'ils songeassent à remédier à aucuns des abus dont la France avait à gémir (1).

Vingt ans plus tard, en 1596, aux États généraux de Rouen, les corporations présentèrent de nouvelles doléances.

Le maire et les échevins désignés par la ville pour les representer, exposèrent à l'assemblée les besoins du pays. Dans ces doléances, qui n'avaient point de caractère particulier, les principales réformes demandées portaient sur les points suivants : interdiction de l'entrée en France des marchandises étrangères de draps d'or, d'argent et de soie manufacturées, ou sinon fixation de droits élevés à leur entrée en France ; chèreté des vivres ; impositions considérables, etc. (2).

Le résultat obtenu à Rouen fut nul, et les circonstances seules se chargèrent d'améliorer la condition des corporations.

Depuis 1596 jusqu'aux États généraux de 1789, nous ne retrouvons aucune trace de rédaction de doléances ; mais à cette

(1) *Histoire de Touraine*, par Chalmel, t. II, p.387.
(2) Archives de l'hôtel de ville de Tours : série AA, 8.

dernière époque des documents considérables nous fournissent des éclaircissements des plus utiles (1).

Les corporations furent d'abord convoquées dans leurs bureaux respectifs pour élire des commissaires, qui, réunis aux autres députés du tiers-état, furent chargés de rédiger un cahier de doléances distinctement pour chaque communauté ; les députés furent chargés ensuite de les présenter devant les États généraux.

L'idée d'ensemble qui se dégage de ces divers cahiers de doléances semble résider dans un même but politique, où l'effervescence des esprits et l'enthousiasme des théories nouvelles oue évidemment un rôle considérable.

Dans la plupart des cahiers on rencontre des discussions politiques et des déclarations souvent violentes contre les abus de l'ancien régime et contre le clergé. L'occasion est saisie pour montrer les souffrances de la population, et exposer les moyens qui seraient nécessaires pour les soulager ou remédier à la crise commerciale et industrielle ; mais au fond de toutes les phrases percent visiblement les tendances de l'époque, qui semblent, dans les doléances de la France tout entière être conduites par les mêmes menées politiques.

Presque toutes les corporations demandent : la suppression de la gabelle, le renouvellement des États tous les cinq ans, l'égale répartition des impôts sur les nobles et sur les artisans, la réforme de la jurisprudence ; l'abolition des droits féodaux, des corvées et des francs fiefs ; la diminution des traitements des abbayes et des communautés religieuses ; la diminution des revenus des archevêques.

Voilà pour la partie politique, et c'est celle qui tient la plus grande place dans les cahiers. Quand aux plaintes relatives aux besoins des métiers ou arts, chacun d'eux s'exprime selon les conditions plus ou moins pénibles de son existence. Les notaires demandent la suppression des offices de jurés-priseurs institués par édit de 1771, lesquels leur portaient de bien grand préjudices

(1) Archives de l'hôtel de ville de Tours : série AA, 9.

par leurs ventes ; la communautés des cordonniers étudie les moyens à prendre pour rétablir les bons rapports entre les employés aux cuirs qui leur font des procès-verbaux parce que dans leurs rognures de cuirs il s'en trouve qui ne portent pas la marque exigée. Les charpentiers demandent de revenir aux anciens statuts, de diminuer les droits de réception à la maîtrise et même de les supprimer complètement comme étant trop onéreux ; les chirurgiens demandent la suppression générale de tous les impôts et leur remplacement par deux impôts uniques, l'un territorial, en nature ou argent selon la décision des États ; l'autre serait une imposition personnelle. Le cahier des chirurgiens contient plus de 15 articles longuement exprimés et demandant la faveur de quelques libertés.

Comme nous le disons plus haut, la plupart des corporations ne présentent des doléances que pour la forme en n'y consignant que des désirs parfois superficiels et souvent impropres à remédier aux difficultés du moment.

Les résultats attendus ne devaient donc pas être bien importants ; la politique absorbait tous les esprits et la liberté complète du commerce et de la fabrication apparut un jour aux gens de métiers, conduite par la force des événements, sans qu'ils se soient douté qu'elle n'était que la conséquence des grandes libertés et des principes que le peuple revendiquait aussi violemment.

Les Corporations après 1789

Au milieu de ces manifestations la Révolution allait éclater : le 4 août 1789 l'Assemblée constituante proclamait la liberté absolue du commerce, et l'ancienne constitution des corporations d'arts et métiers s'écroulait, entraînant avec elle le prestige des privilèges royaux.

Les associations de métiers qui avaient jusqu'alors le monopole de chaque branche d'industrie, disparurent dans le bouleversement général et laissèrent s'exercer la libre concurrence.

A partir de ce moment, il existe peu de documents commerciaux dignes d'être mentionnés; les grands événements politiques et sociaux qui s'accomplirent, paralysèrent toutes les industries et plongèrent le commerce dans une stagnation complète.

Nous devons cependant signaler un dernier fait, l'industrie des armes de guerre seule ne cessa pas de produire. On établit une fonderie de canons à Tours dans l'intérieur même de la ville ; et en 1792 le directeur, le sieur Guillaume, coula le plus gros canon qui fut jamais fondu dans cet établissement. Il fut nommé le *Tourangeau* et pesait 1,337 livres.

Malgré l'abolition des corporations, au commencement du XIXe siècle nous en retrouvons encore quelques vestiges chez les bouchers et les boulangers, dont le métier ne fut fermé à la libre concurrence qu'en 1860. D'autres de nos jours ont encore le nombre de leurs membres limité et soumis à la nomination du gouvernement, comme les notaires, les agents de change, les avoués, les huissiers, etc.

Dégagée de ses liens par l'acte de réparation accompli par la Constituante, le 2 mars 1791, abolissant à tout jamais les privilèges des corporations, l'industrie française a pris un libre essor, et par le progrès s'est placée au premier rang de notre vieille Europe. Les merveilleuses productions dont elle a doté le monde entier, depuis cette époque, sont une preuve éclatante de la salutaire influence de la liberté sur le travail.

CHAPITRE III

Corporations de la province de Touraine

—

SOMMAIRE : Corparations de Chinon, Loches, Amboise, Richelieu et autres villes de la province. — Villes où les artisans n'étaient pas organisés en communautés.

L'histoire des corporations d'arts et métiers des principales villes de la province de Touraine est intimement liée à celle des communautés de Tours : les mêmes événements politiques, les mêmes évolutions commerciales les ont influencées dans des conditions semblables. L'ensemble de nos renseignements peut donc s'y adapter, et nous ne donnerons ici que les détails particuliers à chaque localité, encore serons-nous souvent réduit à fort peu de chose, les documents manquant pour établir une histoire complète.

CHINON

Les origines des arts et métiers dans la ville de Chinon sont complètement inconnues. Nous croyons cependant qu'il existait une association entre les ouvriers de chaque métier, une sorte de société au sujet de laquelle ils se réunissaient et se prêtaient mutuellement secours. L'autorité royale n'était pas encore informée de cet état de choses au commencement du XVe siècle, et dès qu'elle le fut, elle ordonna la création de communautés identiques à celles qui existaient à Tours, et leur octroya des statuts et règlements.

Pendant le XVIIIe siècle on comptait à Chinon seize corporations, dont voici la désignation avec le nombre des maîtres qui la composaient (1).

1° Tanneurs.	1	maître
2° Perruquiers-Chirurgiens.	11	—
3° Serruriers.	6	—
4° Marchands	16	—
5° Selliers	6	—
6° Cordonniers.	20	—
7° Tailleurs d'habits.	4	—
8° Boulangers	15	—
9° Bouchers.	10	—
10° Epiciers.	10	—
11° Drapiers.	1	—
12° Maréchaux et Taillandiers.	17	—
13° Menuisiers.	14	—
14° Tonnelliers.	15	—
15° Apothicaires.	1	—
16° Tessiers.	1	—

Lors de la dissolution des corporations, en 1776, il fut procédé à Chinon, comme dans les autres villes, à une vente des effets des corporations pour la liquidation de leurs comptes. Cette vente donna les résultats suivants (2) :

Trois séances à l'apposition des scellés. Vente. Total des frais : 18 livres.

Produit de la vente : 55 livres 3 sols.

LOCHES

La même obscurité règne également sur les origines des corporations de la ville de Loches, et comme on le verra en poursuivant, elle se reproduira pour toutes les autres villes dont nous aurons à parler.

(1) *Tableau de la Province de la Touraine*, par M. de Voglie.
(2) Archives d'Indre-et-Loire : série C, liasse 148.

Il existait à Loches et Beaulieu six communautés, savoir (1) :

1° Tanneurs. . . . . 1 maître
2° Chirurgiens-Barbiers. . . . . 6 —
3° Boulangers. . . . . 15 —
4° Bouchers. . . . . 16 —
5° Marchands-drapiers. . . . . 15 —
6° Sergiers. . . . . » —

L'importance des corporations de Loches semble avoir été assez limitée ; il n'y existait en effet que les métiers de première nécessité, et encore leur situation était loin d'être florissante, car à la dissolution il n'y eut même pas de vente pour la liquidation de leurs affaires.

AMBOISE

La ville d'Amboise, sans doute à cause de son château, qui fut longtemps une résidence royale, fut de bonne heure habitée par de nombreux gens de métiers, qui s'y formèrent en communautés et qui obtinrent des statuts. Leur origine nous est également inconnue, mais nous avons pu trouver cependant de nombreux renseignements sur leur organisation intérieure (2).

En 1776 on comptait à Amboise dix-sept corporations, savoir :

1° Sergetiers. . . . . 5 maîtres
2° Marchands-merciers. . . . . 16 —
3° Couvreurs. . . . . » —
4° Tourneurs, boisseliers, futailliers. . 9 —
5° Chirurgiens. . . . . 14 —
6° Chapelliers . . . . 4 —
7° Menuisiers . . . . 9 —

(1) *Tableau de la Province de la Touraine,* par M. de Voglie.
(2) Archives d'Indre-et-Loire : série E, liasse 485.

8° Perruquiers.. . . . . 14 maîtres
9° Boulangers. . . . . 14 —
10° Tonneliers. . . . . 9 —
11° Maréchaux.. . . . . 4 —
12° Bouchers. . . . . 12 —
13° Chandeliers et Epiciers. . . . . 15 —
14° Tailleurs. . . . . 17 —
15° Serruriers. . . . . » —
16° Cordonniers. . . . . 12 —
17° Savetiers. . . . . 6 —

Tous ces arts et métiers étaient, au temps du bailliage royal d'Amboise, reconnus pour former corps et communauté; ils étaient en conséquence pourvus de charges de gardes et de jurés sans cependant avoir une surveillance bien active. Mais, le bailliage royal ayant été supprimé par la déclaration du roi de 1765 et le siège du duché-pairie de Choiseul-Amboise ayant été établi en son lieu et place, les officiers du duché d'Amboise, quelque temps après leur installation, rendirent sur les conclusions du ministère public, une ordonnance par laquelle il fut enjoint à tous particuliers qui prétendaient former corps et communauté à Amboise, de déposer au greffe de la police copie collationnée des statuts, lettres patentes et arrêts d'enregistrement, en vertu desquels ils se prétendaient tels.

La plupart des communautés obéirent à cette injonction, et virent par la suite leurs situations régularisées.

Un fragment de correspondance, retrouvé dans les archives d'Indre-et-Loire (1), nous permet de citer quelques détails sur l'établissement, au château d'Amboise, d'une manufacture de soieries rivale de celles de Tours. Par une lettre datée du 8 janvier 1771 le sieur Jacques Dupont demandait une autorisation spéciale pour fabriquer les étoffes de soie au château d'Amboise; il lui fut répondu que cette autorisation n'était point nécessaire attendu qu'il n'existait aucune corporation de ce

(1) Archives d'Indre-et-Loire : série C, liasse 109.

genre à Amboise. Deux ans plus tard le 26 novembre 1773 la fabrication étant bonne et ayant pris de l'extension, le même Jacques Dupont demanda une avance de vingt à trente mille livres pour lui permettre de s'agrandir. Cette somme fut refusée, et la manufacture manquant de ressources ne survécut que peu de temps.

Comme on le voit l'importance des corporations de la ville d'Amboise était relativement considérable, le mouvement et l'animation apportés par les hauts personnages attachés à la cour contribuèrent puissamment au développement du commerce dans cette localité.

Nous terminons cet exposé par la citation du détail et du produit des ventes des effets des corporations au moment de leur abolition (1).

Une séance à l'apposition des scellés,
Trois séances à l'inventaire,
Une séance à la vente,
Une expédition de l'inventaire,

Frais, 36 livres.

Produit de la vente, 106 livres 12 sols.

RICHELIEU

Richelieu étant ville privilégiée, tout artisan pouvait venir s'y établir sans payer aucun droit au corps des arts et métiers, pourvu toutefois que pour son établissement il ait l'agrément du seigneur ou en son absence celui de ses officiers de justice.

Les privilèges attachés à cette ville et à sa population étaient si considérables et si respectés, qu'à toutes les fois que des impositions frappèrent les arts et métiers ceux de Richelieu en furent toujours exempts.

Il est aisé, dans cet état de choses, de reconnaître la main toute-puissante du cardinal duc de Richelieu, qui se plut à

(1) Archives d'Indre-et-Loire : série C, liasse 148.

combler de faveurs le pays qu'il aimait à venir habiter souvent avec de nombreux courtisans.

Ces circonstances exceptionnellement favorables ne devaient point manquer d'attirer les gens de métiers, et c'est ce qui explique le nombre important de maîtres de tous métiers dont nous retrouvons les traces et dont voici la liste (1) :

1° Chirurgiens.	4	maîtres
2° Perruquiers.	8	—
3° Tisserands.	10	—
4° Vitriers.	2	—
5° Charpentiers.	8	—
6° Selliers.	5	—
7° Cordonniers.	22	—
8° Chapelliers.	3	—
9° Sabotiers.	6	—
10° Sergiers.	20	—
11° Boulangers.	16	—
12° Bouchers.	3	—
13° Cloutiers.	2	—
14° Chaudronniers.	2	—
15° Chaisiers.	3	—
16° Challiers.	2	—
17° Cabaretiers et Hôtelliers.	22	—
18° Épiciers.	4	—
19° Filassiers.	4	—
20° Quinquailliers.	9	—
21° Marchands beurriers.	8	—
22° Marchands drapiers.	4	—
23° Maréchaux taillandiers.	10	—
24° Menuisiers.	10	—
25° Massons.	6	—
26° Orlogiers.	3	—
27° Marchands de fer.	2	—

(1) Archives d'Indre-et-Loire : série E, liasse 185.

En considérant les immenses privilèges des artisans de Richelieu, il paraît évident qu'une surveillance peu sévère s'exerçait sur les produits des ouvriers ; une liberté relative les rendait plus à l'aise dans leurs travaux et il est à remarquer qu'il n'en étaient pas moins bons pour cela. Le fonctionnement ordinaire des communautés n'était donc point en vigueur à Richelieu , c'était le très rare exemple de travailleurs presque libres dans une ville franche.

Villes où les artisans n'étaient pas organisés en communautés

Nous retrouvons bien encore quelques traces de corporations organisées dans les villes de Loudun et de Mirebeau, mais ces traces sont si contestables et de si mince importance que nous hésitons à y ajouter foi. Il est fort probable qu'il en fut de ces villes comme d'un certain nombre d'autres ; c'est-à-dire que les ouvriers n'y étaient point organisés en communautés, mais que maîtres et compagnons observaient entre eux quelques règlements convenus d'un commun accord.

Leurs travaux se bornaient pour la plupart aux besoins de la population qui les entourait, c'est dire combien ils étaient peu importants.

En dehors des deux villes que nous venons de citer, voici quelles étaient les localités où il avait des métiers obéissant à une réglementation particulière : Langeais, Château-du-Loir, Sainte-Maure, Preuilly, Azay-le-Rideau, Châteaurenault, Cormery, la Guerche, la Roche-Posay, Ligueil, Montrésor. Preuilly, Ferrière-Larçon, Manthelan, Orbigny, Reignac, Tauxigny (1).

Cette liste est forcément incomplète, quelques localités de-

(1) Archives d'Indre-et-Loire : série E, liasse 185.

vraient peut-être y prendre place ; mais le défaut de documents nous force à arrêter ici nos recherches , et à borner à ces limites l'histoire des corporations d'arts et métiers de Touraine si intéressante, et dans laquelle revit le souvenir d'une grande et juste renommée.

FIN.

8663 — Tours, imp. Rouillé-Ladevèze, rue Chaude, 6